Sommaire

RECETTES SUCRÉES

RECETTES SUCRÉES

RECETTES SALÉES

RECETTES SUCRÉES

Édito

Vous venez de vivre le plus beau moment de votre vie et une petite merveille vous a rejoint. Comme tous les parents, vous êtes exigeant et vous souhaitez le meilleur pour votre bébé, y compris pour le nourrir, car vous avez envie de lui donner le goût d'une alimentation pleine de saveurs et parfaitement adaptée à ses besoins.

Cependant, les mots « diversification alimentaire » vous font un peu peur, car vous entendez tout et son contraire, et vous vous demandez comment vous allez faire pour bien amorcer cette nouvelle étape avec lui.

Alors, je vous rassure, vous avez entre les mains le livre qu'il vous faut. Ce livre, je l'ai conçu comme un guide qui va vous suivre pendant les deux premières années de vie de votre bébé, pour l'emmener petit à petit vers une alimentation plus familiale, que vous pourrez partager. Tous les bébés sont différents : certaines recettes seront adorées, d'autres boudées, mais vous aurez tous les conseils en main pour bien nourrir votre bébé. Vous trouverez toutes les informations sur l'équipement pour cuisiner, les produits de saison, ceux adaptés selon l'âge de votre bébé, ainsi que des idées de menu pour vous inspirer.

Les recettes de ce livre sont classées par âge et accompagnées d'indications sur les temps de préparation et de cuisson, la nature des recettes froides ou chaudes, salées ou sucrées, mais aussi sur la difficulté et le coût de chaque recette. Les proportions sont adaptées aux besoins de votre bébé. Vous trouverez aussi des astuces pour varier les recettes, des informations sur les produits que vous n'avez pas l'habitude d'utiliser et sur les moyens de conservation, car vous avez sûrement mieux à faire que de passer vos soirées à cuisiner.

Pour concevoir ce livre, je me suis appuyée sur mon expérience de maman. J'y partage avec vous des astuces pour gagner du temps sur la préparation des repas, des informations que j'ai pu collecter et qui m'ont été utiles, et des conseils qui sont là pour vous aider. Ce livre s'est enrichi petit à petit, il a grandi en même temps que mon p'tit bonhomme qui, au fil des mois, est devenu un vrai petit gastronome et s'est régalé de toutes mes recettes. J'espère que votre petite merveille prendra autant de plaisir que lui à se régaler de tous ces bons petits plats préparés avec amour.

Bonne lecture !

Audrey Bourdin
Maman, auteur culinaire & blogueuse
www.audreycuisine.fr

N'hésitez pas à me contacter sur audrey.bourdin@gmail.com
Je serai ravie d'échanger avec vous sur l'alimentation de votre bébé !

Quel matériel utiliser ?

Les recettes pour bébé se composent, au début de la diversification alimentaire, de purées de légumes et de compotes très lisses, qui évolueront petit à petit vers des textures plus ou moins mixées, en y ajoutant un peu de viande ou de poisson, puis des crèmes et des entremets. Pour conserver les vitamines, la cuisson vapeur est à privilégier. Vous avez plusieurs solutions pour cuire à la vapeur, détaillées dans le tableau ci-après.

Pour mixer les repas, je vous déconseille fortement un robot mixeur classique. Avec une cuve souvent trop grande, il n'est pas adapté pour mixer de petites quantités. Pour réaliser les repas de bébé, j'ai donc testé tous les appareils cités ci-dessous. Pour chacun, je vous donne ses points forts et ses points faibles. Ma préférence va au robot pour bébé multifonction, mais uniquement ceux de grande taille car ils permettent de préparer plusieurs repas à l'avance. Ce type de robot coûte une centaine d'euros environ.

Sinon, si vous souhaitez investir pour le long terme, optez pour une cocotte-minute dans laquelle vous cuisinerez aussi les repas de toute la famille. Je vous conseille un mixeur à pied, de type mixeur à soupe, pour mixer purées ou compotes directement dans la cocotte. Pensez qu'avec une cocotte-minute, la cuisson va trois fois plus vite. La majorité des recettes du livre ont été faites dans un robot de type robot pour bébé (cuiseur vapeur électrique), alors si vous utilisez la cocotte-minute, pensez à réduire le temps de cuisson, à compter au moment de la mise sous pression, c'est-à-dire de l'enclenchement du minuteur (20 minutes de cuisson vapeur = 7 minutes de cuisson à la cocotte-minute).

— Ustensiles pour cuire —

MATÉRIEL	AVANTAGES	INCONVÉNIENTS
Robot pour bébé multifonction	Un robot qui cuit et qui mixe pour éviter d'avoir à utiliser plusieurs appareils, pratique pour réaliser un repas pour bébé. Certains ont une grande capacité avec deux paniers vapeur pour séparer les ingrédients, ou deux cuves de cuisson.	Certains robots sont de très faible capacité, ce n'est pas pratique si vous voulez cuisiner plusieurs repas en même temps pour gagner du temps. Attention aux robots d'occasion, certains contiennent du bisphénol.
Blender ou robot chauffant	Même avantage que le robot pour bébé, avec une plus grande capacité. Idéal pour les purées, soupes et compotes.	Pour les blenders chauffants, pas pratique quand bébé grandit car il n'y a pas de panier vapeur pour y faire cuire les légumes sans les mixer. Coût très élevé des robots cuiseurs/mixeurs (800 à 1 000 euros) qui, eux, possèdent un voire deux paniers vapeur.
Cocotte-minute	Cuit 3 fois plus rapidement les légumes et la viande qu'un cuiseur vapeur ou qu'un robot pour bébé.	Prix d'achat élevé.
Cuit-vapeur	Grande capacité pour préparer plusieurs repas pour bébé, ou pour cuisiner en même temps le repas des parents.	Certains ne sont pas très puissants et le temps de cuisson peut devenir très long. Encombrant.
Casserole	Vous avez déjà une casserole, donc aucun investissement en plus. Sinon, pour une cuisson vapeur dans une casserole, vous pouvez ajouter une « marguerite » en inox qui fait office de panier vapeur et qui s'adapte au diamètre de toutes les casseroles, ou bien un panier vapeur en bambou que vous trouverez en épicerie asiatique pour quelques euros.	La cuisson à la vapeur est à préférer à la cuisson à l'eau pour conserver les vitamines des légumes. Vous êtes obligé de surveiller la cuisson et de mélanger les ingrédients dans la casserole. Pour les paniers vapeur en bambou, ce n'est pas très hygiénique pour bébé, cela se lave moins bien que le métal ou le plastique.

— Ustensiles pour mixer —

MATÉRIEL	AVANTAGES	INCONVÉNIENTS
Robot pour bébé multifonction	Appareil 2 en 1, pas de vaisselle supplémentaire. Idéal pour mixer autant les légumes que les fruits ou les petites quantités de viande ou de poisson.	Faible capacité pour certains.
Blender (et blender chauffant)	Mixe facilement les légumes et les fruits.	Peu pratique pour mixer de petites quantités de viande.
Mixeur à pied	Idéal pour les purées de légumes, soupes et compotes. Compact et facile à ranger.	Peu pratique pour mixer la viande, sauf s'il a une tête de mixage adaptée.
Presse-purée	Différentes grilles selon les légumes et fruits à mixer pour obtenir des purées plus ou moins épaisses.	Pas rapide à utiliser, pas facile à laver.
Mixeur	Rapidité d'utilisation.	Les gros mixeurs ne sont pas adaptés aux petites quantités de viande, mieux vaut opter pour un mini mixeur.

Quels ingrédients dans les petits pots de bébé ?

— Quels produits choisir ? Où les acheter ? —

Ce sont les fruits et légumes qui seront les ingrédients principaux pour composer les repas de votre bébé. Si vous voulez lui faire bénéficier de tous leurs bienfaits, le plus simple est de les acheter frais, en petite quantité, car les fruits et légumes perdent très vite leurs vitamines après achat et parce que vous allez, au début, préparer de toutes petites portions.

Concernant la qualité des produits, plus ils sont frais, meilleurs ils sont. Si vous le pouvez, évitez les rayons des supermarchés, les fruits et légumes ont fait beaucoup de kilomètres avant d'arriver à vous (producteur, centrale d'achat, détaillants...) et ont donc été cueillis avant maturité pour être stockés dans d'énormes réfrigérateurs ce qui aura forcément un impact sur leur goût. Si vous avez un marché dans votre ville, c'est une excellente alternative et puis, au fur et à mesure que votre bébé va grandir, cette sortie hebdomadaire lui donnera envie de goûter tous les fruits et légumes colorés qu'il pourra même vous aider à choisir.

Si vous avez près de chez vous un producteur qui fait de la vente directe, c'est encore mieux. Vous serez certain de la fraîcheur et de la saisonnalité des produits (voir tableau p. 17).

Et quand les saisons sont passées ou que votre stock de légumes est terminé, n'hésitez pas à acheter des fruits et légumes nature surgelés (évitez les légumes préparés qui contiennent du sel et des conservateurs), ils seront d'une grande aide pour la préparation des repas. Ils sont très économiques, car il n'y a aucune perte et vous gagnez en temps de préparation : pas de corvée de lavage et d'épluchage !

Evitez cependant les conserves avant 1 an, elles contiennent du sel et ne sont pas adaptées à votre bébé.

— Et le bio ? —

Les fruits et légumes biologiques sont cultivés sans engrais ni pesticides chimiques. Ils sont donc plus sains que les produits traités et souvent de meilleur goût. Cependant, ils sont beaucoup plus chers au kilo que leurs homologues non biologiques. Si vous pouvez vous le permettre, foncez !

Sinon, optez pour les fruits et légumes bio uniquement pour les produits les plus « pollués » qui fixent le plus les nitrates : épinards, betteraves, radis, navets et salades.

— Consignes d'introduction des fruits et légumes —

La chose primordiale à retenir, c'est de prendre son temps, pour ne pas brusquer votre bébé. Le but est de lui faire découvrir petit à petit tous ces nouveaux goûts et textures, et de lui laisser le temps de les assimiler et de les apprécier. Le plus facile est de commencer par les légumes, pour ensuite aller vers les fruits. De cette façon, il aura plus de chances de ne pas les bouder, car il aura une préférence pour le côté sucré des compotes.

Les premiers légumes à faire découvrir à votre bébé sont la carotte, les haricots verts, la courgette, le potiron et la pomme de terre. Petit à petit et selon les saisons, vous élargirez les horizons du possible. Cependant, au début, évitez les fruits et légumes qui sont les plus allergènes (fruits rouges, fruits exotiques, céleri et tomate, par exemple).

Concernant les allergies alimentaires, elles ne se manifestent que rarement à la première introduction d'un produit, mais plutôt à la deuxième. C'est pour cela qu'il est préférable, au début de la diversification alimentaire, de faire découvrir les fruits et légumes un à un et de les proposer pendant deux jours de suite pour voir comment votre bébé réagit.

— Les bonnes habitudes se prennent dès l'enfance —

Si vous goûtez les recettes proposées dans le livre, il est possible que vous les trouviez fades, qu'elles ne soient pas adaptées à vos papilles. Résistez à l'envie de rajouter du sucre, du sel, un cube de bouillon, de l'huile ou du beurre. Les premières recettes doivent être les plus simples possible, elles correspondent parfaitement aux besoins de votre bébé.

L'usage du sel est déconseillé pour les enfants, n'en ajoutez pas trop tôt dans les recettes. Il en consommera petit à petit quand il commencera à manger la même chose que vous. Concernant le sucre, faites-lui découvrir les compotes et les laitages sans sucre, cela lui donnera le goût du produit, il aura le temps plus tard d'aimer le sucre.

— *Fruits et légumes de saison* —

	LÉGUMES	FRUITS
PRINTEMPS	Concombre Petits pois Laitue Asperge Navet	Rhubarbe Fraise Cerise Pomme Mangue
ÉTÉ	Aubergine Haricot vert Artichaut Poivron	Framboise Melon Abricot Pêche Prune
AUTOMNE	Avocat Epinard Bette Maïs Brocoli	Ananas Raisin Prune Figue Coing
HIVER	Carotte Panais Potiron/courge Poireau Chou Betterave	Orange Mandarine Pomme Poire Kiwi

Comment s'organiser ?

— On fait comment ? —

En tant que parents, vos journées sont déjà bien remplies, mais avec un peu d'organisation vous allez réussir à trouver un créneau dans votre emploi du temps pour préparer les repas de votre bébé.

Se dégager du temps chaque jour pour préparer les repas est bien compliqué, alors ce que je vous conseille c'est d'y consacrer une à deux heures, deux fois par semaine : une fois pour les recettes salées, une autre pour les sucrées.

N'hésitez pas à doubler, voire tripler, les proportions des recettes. Conservées dans des pots hermétiques au congélateur, elles se garderont plusieurs semaines. Pour faciliter le rangement, dégagez-vous un tiroir ou une zone de votre congélateur dans laquelle vous rangerez tous les pots pour votre bébé. Pensez à bien étiqueter les pots pour identifier rapidement ce qu'ils contiennent, pour pouvoir varier les repas. Après deux ou trois heures passées en cuisine, vous aurez déjà une gamme variée de pots dans le congélateur pour ne pas donner toujours la même chose à votre bébé et vous n'aurez qu'à cuisiner une ou deux fois par semaine pour entretenir votre stock.

— Règles de conservation —

Pour conserver correctement les repas au congélateur, le mieux est d'investir dans des boîtes hermétiques en plastique qui supportent la congélation. Pour qu'elles durent le plus longtemps possible, il vous faudra des pots d'environ 20 cl (desserts) et 30 cl (repas). Pensez aussi à ne pas remplir vos pots jusqu'en haut : en se congelant, les purées et compotes vont prendre du volume et il faut que le pot reste bien fermé hermétiquement pour ne pas se dégrader à cause du froid.

Pensez à coller des étiquettes sur vos pots pour y noter ce qu'ils contiennent, ainsi que les proportions et la date de fabrication. Evitez de conserver plus de 3 mois vos petits pots maison, pour des raisons d'hygiène et de goût. Mais dès que votre bébé mangera des purées midi et soir, ainsi que des compotes une à deux fois par jour, vous constaterez que votre stock s'écoule très vite !

— Matériel de conservation —

Pour conserver les petites portions, le plus simple et le plus hygiénique est d'utiliser des boîtes individuelles en plastique.

Veillez à utiliser des boîtes en bon état, avec un couvercle et ne contenant pas de bisphénol, une molécule présente dans certains plastiques, qui est interdite dans les biberons des bébés en France mais que l'on trouve encore dans de nombreux contenants en plastique.

Vous trouverez des boîtes adaptées dans les magasins de puériculture, en pharmacie (les boîtes de conservation pour le lait maternel), ou bien chez une marque de vente à domicile de boîtes en plastique.

Faites attention : certaines sont adaptées à la conservation au réfrigérateur, d'autres au congélateur, mais surtout certaines ne supportent pas d'être utilisées pour réchauffer les repas de votre bébé. Dans ce cas, il faudra transvaser son contenu dans un ramequin en verre ou en céramique, ce qui n'est pas très pratique.

Pensez à bien laver vos boîtes avec de l'eau chaude et du produit vaisselle juste avant de les remplir pour qu'elles soient très propres. Vous n'avez pas besoin de les stériliser, votre bébé grandit petit à petit, touche à tout et donc ce n'est plus utile pour sa santé.

— Repas de bébé —

Si vous avez congelé les repas de votre bébé, évitez de les faire décongeler à température ambiante : les bactéries vont s'y développer à puissance maximale ! Le mieux est de décongeler puis de faire réchauffer les portions directement au four à micro-ondes (entre 5 et 10 minutes), ou bien de les sortir la veille au soir et de les ranger dans le réfrigérateur pour qu'ils soient prêts à être réchauffés le lendemain midi. Certains robots pour bébé ont une fonction intéressante de décongélation/réchauffage à la vapeur des repas, si vous souhaitez éviter le four à micro-ondes.

— Matériel pour le repas —

Dès que vous allez commencer à nourrir votre bébé, il faut qu'il soit dans une position agréable. Le transat incliné en position assise est idéal au début, puis dès que votre bébé reste assis, vous pouvez l'installer dans une chaise haute, à côté de la table familiale pour qu'il comprenne petit à petit où se déroulent les repas.

Pensez à acheter quelques cuillères fines pour les débuts, elles sont bien pratiques car adaptées à la bouche de votre bébé. Quand il grandira, vous pourrez ensuite lui proposer des cuillères avec un manche ergonomique, adaptées à ses mains pour qu'il prenne confiance en lui et ait envie de se nourrir tout seul. Concernant les assiettes, faites juste attention à leur matière : beaucoup sont en mélamine et ne peuvent pas passer au four à micro-ondes, ce qui n'est pas pratique quand il faut faire réchauffer le plat qui a tendance à refroidir en cours de repas...

Menus-types par âge

Les tableaux ci-après peuvent vous aider à savoir comment composer les repas de votre bébé en vous proposant des idées de menus. Cependant, gardez en tête que chaque bébé est différent et qu'il faudra sûrement adapter, composer selon ses goûts et sa faim.

Peu à peu, le comportement de votre bébé va se modifier : selon ses périodes de croissance, sa santé, son appétit sera plus ou moins important. De même, quand il passera petit à petit à une alimentation plus solide, vous réduirez certainement les portions, car les repas seront plus denses (moins mixés, moins de liquides) et qu'ils seront plus difficiles à faire manger puisqu'il faudra qu'il mâche davantage.

C'est difficile à accepter, mais surtout, ne forcez pas votre bébé, écoutez-le. Essayez de lui faire goûter au moins une cuillère du plat préparé et s'il refuse encore, dites-vous qu'il mangera mieux au repas suivant. Parfois il faut aussi ruser, pour que le moment du repas reste agréable pour vous comme pour lui, surtout quand il commence à rentrer dans une période d'affirmation et d'opposition (vers 18/24 mois). Impliquez-le dans la réalisation du repas, montrez-lui les légumes que vous cuisinez, faites-lui goûter le plat, faites-lui choisir son assiette... : ces petites choses toutes simples vont l'aider à avoir envie de manger. Et n'oubliez pas, un enfant en bonne santé ne se laissera jamais mourir de faim !

— *De 4 à 6 mois* —

Matin	**Lait** maternel ou 1er âge (220 à 250 ml)
Midi	**Purée de légumes** (130 g) **Lait** maternel ou 1er âge (60 à 90 ml)
Goûter	**Lait** maternel ou 1er âge (220 à 250 ml) **Compote** de fruits (130 g)
Soir	**Lait** maternel ou 1er âge (220 à 250 ml) avec ou sans céréales instantanées sans gluten (1 à 3 cuillères)

— De 6 à 9 mois —

Matin	**Lait** maternel ou 2e âge (220 à 250 ml) avec ou sans céréales instantanées (1 à 3 cuillères)
Midi	**Purée de légumes** (130 g) **Viande, poisson ou volaille** (10 g) **1/2 noisette de beurre** ou un peu d'**huile végétale** dans la purée **Lait** maternel ou 2e âge (60 à 90 ml) ou **yaourt au lait infantile** (légèrement sucré) ou **dessert à base de lait** 2e âge
Goûter	**Lait** maternel ou 2e âge (60 à 90 ml) **Compote** de fruits (130 g)
Soir	**Lait** maternel ou 2e âge (220 à 250 ml) avec ou sans céréales instantanées (1 à 3 cuillères)

— De 9 à 12 mois —

Matin	**Lait** maternel ou 2e âge (250 ml) avec ou sans céréales instantanées (1 à 4 cuillères)
Midi	**Purée de légumes** (150 à 180 g) **Viande, poisson ou volaille** (20 g) **1/2 noisette de beurre** ou un peu d'**huile végétale** dans la purée **Yaourt au lait infantile** (légèrement sucré) ou **dessert à base de lait** 2e âge ou **dessert à base de fruits**
Goûter	**Lait** maternel ou 2e âge (60 à 90 ml) **Compote** de fruits (130 g)
Soir	**Lait** maternel ou 2e âge (250 ml) avec ou sans céréales instantanées sans gluten (1 à 3 cuillères) Ou si bébé refuse le lait : **Soupe de légumes ou purée épaisse** (200 à 250 g), avec des féculents (tapioca, semoule, etc.) **Yaourt au lait infantile** (légèrement sucré) ou **dessert à base de lait** 2e âge

— De 12 à 18 mois —

Matin	**Lait** de croissance ou entier (250 ml) avec des **céréales instantanées** (3 à 4 cuillères) ou un morceau de **pain** ou un **biscuit** peu sucré
Midi	**Purée de légumes** (200 à 230 g) **Viande, poisson ou volaille** (20 g) **1/2 noisette de beurre** ou un peu d'**huile végétale** dans la purée **Yaourt** (légèrement sucré) ou dessert à base de lait **Fruit** ou **dessert à base de fruits**
Goûter	**Yaourt** (légèrement sucré) ou **dessert à base de lait** **Compote** de fruits (130 g) Un morceau **de pain** ou un **biscuit** peu sucré
Soir	**Soupe de légumes ou purée épaisse** (200 à 250 g), avec des féculents (tapioca, semoule, pâtes, riz, etc.) **Yaourt** (légèrement sucré) ou dessert à base de lait ou fromage Et/ou **dessert à base de fruits**

— De 18 à 24 mois —

Matin	**Lait** de croissance ou entier (250 ml) avec des **céréales instantanées** (3 à 4 cuillères) ou un morceau de **pain** ou un **biscuit** peu sucré ou des céréales nature (flocons ou riz soufflé) à mélanger au lait et à manger à la cuillère
Midi	**Légumes** (100 à 120 g) et féculents (100 à 120 g) **Viande, poisson ou volaille** (20 g) **1/2 noisette de beurre** ou un peu d'**huile végétale** dans la purée **Yaourt** (légèrement sucré) ou **dessert à base de lait** **Fruit** ou **dessert à base de fruits**
Goûter	**Yaourt** (légèrement sucré) ou **dessert à base de lait** **Compote** de fruits (130 g) Un morceau **de pain** ou un **biscuit** peu sucré
Soir	**Plat à base de légumes et féculents** (200 à 260 g) **Yaourt** (légèrement sucré) ou **dessert à base de lait** ou **fromage** Et/ou **dessert à base de fruits**

Recettes par âge

Abréviations utilisées tout au long de l'ouvrage :
cc = cuillère à café
cs = cuillère à soupe

Avant
4 mois

Depuis sa naissance, votre bébé se nourrit exclusivement de lait, c'est le seul aliment qui lui est essentiel et qui lui apporte de quoi couvrir tous ses besoins.

Vous n'avez qu'à profiter des moments de complicité avec lui pendant ses repas, tout en respectant son rythme qui progressivement va devenir de plus en plus régulier, avec environ 4 heures entre chaque repas. Comme il va augmenter aussi petit à petit le volume de lait ingéré, il ne se réveillera plus la nuit pour manger et vous allez enfin pouvoir récupérer des premiers mois passés depuis sa naissance.

Comme le lait est l'aliment le plus complet, les recommandations actuelles déconseillent de commencer la diversification trop tôt, c'est-à-dire avant 4 ou 5 mois. L'organisme de votre bébé n'étant pas encore prêt à digérer certains aliments et lui-même n'étant pas capable de pousser les aliments avec sa langue vers l'arrière de la bouche, rien ne sert de vouloir commencer trop tôt.

Cependant, pour que bébé accepte bien la cuillère dans quelques semaines, donnez-lui en une en plastique de temps en temps pour qu'il joue avec et qu'il s'habitue à la mettre dans sa bouche. Il adorera ce jeu !

4-6 mois

Si votre bébé est prêt, à 4 mois révolus, vous allez pouvoir commencer en douceur la diversification alimentaire. Le plus important à garder en mémoire, c'est de prendre votre temps. Votre bébé a toute sa vie pour aimer des saveurs et des textures variées et il va falloir y aller progressivement pour qu'il ait le temps d'assimiler toutes ces nouveautés.

Pour commencer, vous pouvez donner à votre bébé une à deux cuillerées de purée de légumes avant son biberon du midi. Petit à petit il va se réguler lui-même et mangera de plus en plus de purée (jusqu'à 130 g) et moins de lait (90 ml).

Une quinzaine de jours après l'introduction des légumes, vous pouvez commencer à lui faire découvrir les fruits. Ne les introduisez pas trop tôt, sinon votre bébé risque de se détourner des légumes et de préférer le goût sucré des compotes. Faites-lui découvrir pour son goûter de la compote de fruits nature. Comme pour son déjeuner, petit à petit, il va diminuer sa quantité de lait pour arriver à 90 ml et mangera environ 130 g de compote.

Retenez juste que, pour l'intégration d'un nouveau fruit ou légume, le mieux est de lui proposer le même deux jours d'affilée. En effet, si votre bébé doit faire une réaction allergique, ce ne sera jamais à la première présentation d'un aliment mais aux suivantes et l'allergie sera plus facile à identifier par un médecin. C'est pour cela qu'il vaut mieux intégrer les aliments les uns après les autres au début de la diversification.

Pensez aussi que jusqu'à présent il n'a mangé que du lait. Il faut donc que les textures des premières purées et compotes soient très lisses et très liquides pour ne pas le brusquer et qu'il arrive à déglutir facilement. Le premier bouillon est donc parfait pour commencer les recettes à base de légumes.

Et comme vous n'avez pas toujours le temps d'acheter des fruits et légumes frais, vous trouverez ci-après quelques recettes « SOS » pour préparer les repas de votre bébé à partir de fruits et légumes nature surgelés.

Concernant les fruits et légumes à utiliser pour les premières recettes, restez sur des produits simples : carotte, pomme de terre, courgette, haricots verts et potiron sont les premiers légumes à lui faire découvrir. Ensuite vous pourrez lui proposer des petits pois, du blanc de poireau (évitez le vert, pas facile à digérer). Côté fruits, le plus simple est de commencer par la pomme. Selon les saisons, vous pouvez ensuite proposer à votre bébé de la poire ou bien de la pêche et à toute saison des pruneaux.

Quand, dans les recettes suivantes, vous voyez « lait » comme ingrédient, utilisez celui que vous donnez à boire à votre bébé, qu'il soit maternel ou de 1er âge.

Mon premier bouillon de légumes

Temps de préparation : 5 mn

Temps de cuisson : 25 mn

Ingrédients
(1 litre de bouillon)
1,5 litre d'eau
2 carottes
1 courgette

Préparation

1- Nettoyer et peler les carottes et la courgette. Les couper en rondelles épaisses.

2- Verser l'eau dans une grande casserole, ajouter les légumes.

3- Faire chauffer le tout à feu moyen et maintenir une légère ébullition pendant 25 minutes.

4- Filtrer le bouillon dans un tamis et le réserver au réfrigérateur.

5- Vous n'aurez plus qu'à le faire ensuite réchauffer et à l'utiliser à la place de l'eau pour préparer les biberons de votre bébé.

Truc en +

Il n'est pas nécessaire d'utiliser de l'eau minérale (ou de source) pour la cuisson des légumes pour bébé. L'eau du robinet en France est saine et, quand elle a bouilli, elle convient parfaitement pour la cuisson des légumes et la réalisation des soupes et des purées.

Purée de carottes

Temps de préparation : 5 mn

Temps de cuisson : 20 mn

Ingrédient
(3 pots de 130 g)
400 g de carottes

Préparation

1- Nettoyer et peler les carottes. Les couper en rondelles épaisses.

2- Faire cuire les rondelles de carottes à la vapeur pendant 20 minutes.

3- Quand les carottes sont cuites, les mixer avec plus ou moins 20 cl de jus de cuisson, pour obtenir une purée totalement lisse et assez liquide.

4- Répartir la purée dans des pots individuels fermés et les conserver au réfrigérateur ou au congélateur.

Truc en +

Connaissez-vous les variétés de carottes anciennes ? Elles permettent de changer les goûts et couleurs des purées de carottes, grâce aux carottes pourpres, jaunes ou blanches. Vous les trouverez facilement sur les marchés ou dans les épiceries biologiques.

Purée de pommes de terre

Temps de préparation : 5 mn

Temps de cuisson : 20 mn

Ingrédient
(4 pots de 130 g)
400 g de pommes de terre farineuses

Préparation

1- Nettoyer et peler les pommes de terre.

2- Faire cuire les pommes de terre à la vapeur pendant 20 minutes.

3- Quand les pommes de terre sont cuites, les mixer avec plus ou moins 40 cl de jus de cuisson, pour obtenir une purée totalement lisse et assez liquide.

4- Répartir la purée dans des pots individuels fermés et les conserver au réfrigérateur ou au congélateur.

Truc en +

Vous pouvez ajouter un peu de lait en poudre (1er ou 2e âge, celui que vous utilisez pour bébé) dans la purée, au moment de mixer les pommes de terre.

Purée de courgettes

Temps de préparation : 5 mn

Temps de cuisson : 20 mn

Ingrédient
(2 pots de 130 g)
3 courgettes moyennes

Préparation

1- Nettoyer et peler les courgettes. Les couper en rondelles épaisses.

2- Faire cuire les rondelles de courgettes à la vapeur pendant 20 minutes. Les égoutter pour enlever le surplus d'eau.

3- Mixer les courgettes, sans jus de cuisson, pour obtenir une purée totalement lisse et assez liquide.

4- Répartir la purée dans des pots individuels fermés et les conserver au réfrigérateur.

Truc en +

Evitez de congeler cette recette, la purée perdra sa texture et rendra beaucoup d'eau à la décongélation.

Douceur de patates douces au lait infantile

Temps de préparation : 5 mn

Temps de cuisson : 20 mn

Ingrédients
(3 pots de 130 g)

400 g de patates douces orange
30 cl d'eau de source
1 cuillère-mesure de lait en poudre

Préparation

1- Nettoyer et peler les patates douces.

2- Faire cuire les patates douces à la vapeur pendant 20 minutes.

3- Mélanger l'eau et le lait en poudre dans un bol.

4- Quand les patates douces sont cuites, les mixer avec le lait pour obtenir une purée totalement lisse et assez liquide.

5- Répartir la purée dans des pots individuels fermés et les conserver au réfrigérateur ou au congélateur.

Truc en +

Utilisez le lait de bébé pour cette recette, 1er âge (avant 6 mois), 2e âge (après 6 mois) ou du lait maternel si vous allaitez.

Purée de potiron

Temps de préparation : 10 mn

Temps de cuisson : 15 mn

Ingrédient
(3 pots de 130 g)
500 g de potiron en tranche

Préparation

1- Nettoyer, enlever l'écorce et les graines du potiron. Couper la chair en cubes.

2- Faire cuire les cubes de potiron à la vapeur pendant 15 minutes.

3- Quand les cubes de potiron sont cuits, les mixer pour obtenir une purée totalement lisse. Si besoin, ajouter un peu de jus de cuisson.

4- Répartir la purée dans des pots individuels fermés et les conserver au réfrigérateur ou au congélateur.

Truc en +

Vous pouvez congeler cette purée, elle aura la même texture après décongélation.

Purée de courge butternut

Temps de préparation : 10 mn

Temps de cuisson : 15 mn

Ingrédient
(8 pots de 130 g)
1 petite courge butternut

Préparation

1- Rincer la courge sous l'eau et enlever la peau avec un couteau économe.

2- Couper la courge en deux, vider les graines et couper la chair en petits cubes.

3- Faire cuire les cubes de courge à la vapeur pendant 15 minutes.

4- Quand les dés de courge sont moelleux, les mixer avec un peu de jus de cuisson jusqu'à obtenir une purée totalement lisse et assez liquide.

5- Répartir la purée dans des pots individuels fermés et les conserver au réfrigérateur ou au congélateur.

Truc en +

La courge butternut, ou doubeurre, est une variété de courge musquée qui est très douce et très appréciée des enfants. Elle possède une peau beige, dure mais pas épaisse. Vous pouvez la conserver longtemps après achat dans un endroit frais et sec.

Mousseline de petits pois

Temps de préparation : 5 mn

Temps de cuisson : 25 mn

Ingrédient
(3 pots de 130 g)
400 g de petits pois extrafins écossés

Préparation

1- Rincer les petits pois.

2- Faire bouillir une casserole d'eau et faire cuire les petits pois dans l'eau à feu moyen pendant 25 minutes.

3- Quand les petits pois sont cuits, les mixer longuement pour obtenir une purée totalement lisse, en ajoutant du jus de cuisson.

4- Répartir la purée dans des pots individuels fermés et les conserver au réfrigérateur ou au congélateur.

Truc en +

Si votre mixeur n'est pas assez puissant et qu'il reste des morceaux de peau des petits pois, passez la purée au tamis pour qu'elle soit toute lisse.

Soupe de courgettes et haricots verts

Temps de préparation : 10 mn

Temps de cuisson : 15 mn

Ingrédients
(3 pots de 130 g)
2 courgettes moyennes
1 pomme de terre
50 g de haricots verts

Préparation

1- Nettoyer, peler et couper la pomme de terre et les courgettes en petits cubes.

2- Couper les haricots verts en tronçons.

3- Faire cuire les légumes dans une casserole d'eau bouillante pendant 15 minutes.

4- Quand les légumes sont cuits, les récupérer avec une écumoire et les mixer pour obtenir une purée totalement lisse. Ajouter progressivement 30 à 40 cl de jus de cuisson pour obtenir une soupe plus ou moins épaisse.

5- Répartir la soupe dans des pots individuels fermés et les conserver au réfrigérateur ou au congélateur.

Truc en +

Variez les légumes selon les saisons. En hiver, remplacez les haricots par un morceau de courge.

Velouté de blancs de poireaux

Temps de préparation : 10 mn

Temps de cuisson : 15 mn

Ingrédients
(3 pots de 130 g)
3 poireaux moyens
1 pomme de terre

Préparation

1- Nettoyer les poireaux sous l'eau, enlever le pied et le vert pour ne garder que le blanc.

2- Emincer le blanc de poireau en fines rondelles. Peler et couper la pomme de terre en petits cubes.

3- Faire cuire les légumes dans une casserole d'eau bouillante pendant 15 minutes.

4- Quand les légumes sont cuits, les récupérer avec une écumoire et les mixer pour obtenir une purée totalement lisse. Ajouter progressivement 30 à 40 cl de jus de cuisson pour obtenir une soupe plus ou moins épaisse.

5- Mettre le velouté dans des pots individuels fermés et les conserver au réfrigérateur ou au congélateur.

Truc en +

Le poireau est un légume de la même famille que l'oignon et il peut être difficile à digérer. Pensez à ne donner que le blanc, plus digeste, à votre bébé.

Purée de poireaux et pommes de terre

Temps de préparation : 10 mn

Temps de cuisson : 20 mn

Ingrédients
(3 pots de 130 g)
2 poireaux moyens
2 pommes de terre farineuses

Préparation

1- Nettoyer les poireaux sous l'eau, enlever le pied et le vert pour ne garder que le blanc.

2- Emincer le blanc de poireau en rondelles. Peler et couper la pomme de terre en rondelles.

3- Faire cuire les légumes à la vapeur pendant 20 minutes.

4- Quand les légumes sont cuits, les mixer pour obtenir une purée totalement lisse. Ajouter progressivement 10 à 20 cl de jus de cuisson pour obtenir une purée plus liquide.

5- Répartir la purée dans des pots individuels fermés et les conserver au réfrigérateur ou au congélateur.

Truc en +

Evitez de congeler les recettes composées pour moitié de pommes de terre. Elles deviennent granuleuses en décongelant. Il faudra les refaire chauffer et les mixer à nouveau pour retrouver la texture initiale, ce qui n'est pas très pratique...

Purée d'épinards et pommes de terre

Temps de préparation : 10 mn

Temps de cuisson : 20 mn

Ingrédients
(5 pots de 130 g)
400 g de pommes de terre farineuses
600 g d'épinards frais

Préparation

1- Rincer les pommes de terre sous l'eau, les peler et les couper en cubes.

2- Nettoyer les épinards dans plusieurs eaux pour qu'ils soient très propres. Enlever le bout des tiges pour ne garder que les feuilles plus tendres.

3- Faire cuire les légumes à la vapeur pendant 20 minutes.

4- Quand les légumes sont cuits, commencer par mixer les feuilles d'épinards. Ajouter ensuite les pommes de terre, puis 10 à 20 cl de jus de cuisson jusqu'à obtenir une purée totalement lisse et assez liquide.

5- Répartir la purée dans des pots individuels fermés et les conserver au réfrigérateur ou au congélateur.

Truc en +

Certains légumes fixent les nitrates plus que d'autres (comme les épinards et la betterave), il faut donc, pour ces variétés, que vous privilégiiez les légumes biologiques.

Douceur de haricots et patates douces

Temps de préparation : 10 mn

Temps de cuisson : 20 mn

Ingrédients
(5 pots de 130 g)
350 g de patates douces orange
350 g de haricots verts

Préparation

1- Rincer les patates douces sous l'eau, les peler et les couper en cubes.

2- Rincer les haricots verts sous l'eau et les équeuter.

3- Faire cuire les légumes à la vapeur pendant 20 minutes.

4- Quand les légumes sont cuits, commencer par mixer les haricots verts. Ajouter ensuite les patates douces, puis 10 à 20 cl de jus de cuisson jusqu'à obtenir une purée totalement lisse et assez liquide.

5- Répartir la purée dans des pots individuels fermés et les conserver au réfrigérateur ou au congélateur.

Truc en +

Les purées à base de patate douce ont l'avantage de bien se congeler, contrairement à celles à base de pomme de terre. Elles apportent une texture veloutée aux purées de légumes.

Purée de haricots verts

Temps de préparation : 10 mn

Temps de cuisson : 15 mn

Ingrédient
(3 pots de 130 g)
500 g de haricots verts

Préparation

1- Rincer et équeuter les haricots verts.

2- Les faire cuire à la vapeur pendant 15 minutes.

3- Quand les haricots verts sont cuits, les mixer. Ajouter 10 à 20 cl de jus de cuisson pour obtenir une purée totalement lisse.

4- Répartir la purée dans des pots individuels fermés et les conserver au réfrigérateur ou au congélateur.

Truc en +

N'hésitez pas à utiliser des haricots verts extrafins surgelés pour cette recette. Evitez les conserves, elles contiennent trop de sel pour votre bébé.

Velouté de carottes et courgettes

Temps de préparation : 10 mn

Temps de cuisson : 20 mn

Ingrédients
(3 pots de 130 g)
2 courgettes moyennes
2 carottes, 1 pomme de terre
30 cl d'eau, 1 cuillère-mesure de lait en poudre

Préparation

1- Nettoyer, peler et couper la pomme de terre, les carottes et les courgettes en rondelles épaisses.

2- Faire cuire les légumes à la vapeur pendant 20 minutes.

3- Mélanger l'eau et le lait en poudre dans un bol.

4- Quand les légumes sont cuits, mixer pour obtenir une purée totalement lisse. Ajouter progressivement le lait pour obtenir un velouté.

5- Répartir le velouté dans des pots individuels fermés et les conserver au réfrigérateur ou au congélateur.

Truc en +

Vous pouvez remplacer les carottes par une aubergine pour avoir un velouté au parfum original.

Jardinière de légumes d'hiver

Temps de préparation : 10 mn

Temps de cuisson : 20 mn

Ingrédients
(3 pots de 130 g)

2 carottes, 1 pomme de terre
1 poignée de haricots verts surgelés, 1 poignée de petits pois surgelés

Préparation

1- Nettoyer les carottes et la pomme de terre. Les peler et les couper en morceaux.

2- Faire cuire tous les légumes à la vapeur pendant 20 minutes.

3- Quand les légumes sont cuits, les mixer pour obtenir une purée totalement lisse. Ajouter 10 à 20 cl de jus de cuisson pour obtenir une purée un peu liquide.

4- Répartir la purée dans des pots individuels fermés et les conserver au réfrigérateur ou au congélateur.

Truc en +

Les légumes nature surgelés ont été congelés rapidement après la cueillette et conservent leurs vitamines. Ils sont pratiques à utiliser hors saison et dépannent quand vous n'avez pas de légumes frais.

Jardinière de légumes d'été

Temps de préparation : 10 mn

Temps de cuisson : 20 mn

Ingrédients (3 pots de 130 g)

1 courgette, 1 aubergine
1 pomme de terre
1 poignée de haricots mange-tout frais

Préparation

1- Nettoyer la courgette, l'aubergine et la pomme de terre. Les peler et les couper en morceaux.

2- Equeuter les haricots mange-tout, les couper en tronçons.

3- Faire cuire tous les légumes à la vapeur pendant 20 minutes.

4- Quand les légumes sont cuits, les mixer pour obtenir une purée totalement lisse. Ajouter si besoin un petit peu de jus de cuisson pour obtenir une purée un peu plus liquide.

5- Répartir la purée dans des pots individuels fermés et les conserver au réfrigérateur ou au congélateur.

Truc en +

Remplacez les haricots mange-tout par des pois gourmands, plus fins.

Purée courgettes et menthe

Temps de préparation : 10 mn

Temps de cuisson : 20 mn

Ingrédients
(4 pots de 130 g)
300 g de pommes de terre farineuses, 2 courgettes moyennes, 5 feuilles de menthe

Préparation

1- Rincer les pommes de terre et les courgettes sous l'eau, les peler et les couper en cubes.

2- Faire cuire les légumes à la vapeur pendant 20 minutes.

3- Rincer les feuilles de menthe sous l'eau.

4- Quand les légumes sont cuits, mixer les courgettes avec les feuilles de menthe. Ajouter ensuite les pommes de terre, puis 10 cl de jus de cuisson jusqu'à obtenir une purée totalement lisse et plus ou moins liquide.

5- Répartir la purée dans des pots individuels fermés et les conserver au réfrigérateur ou au congélateur.

Truc en +

Ne prenez pas des grosses courgettes, elles sont plus riches en pépins et moins agréables pour les purées de bébé.

Purée de carottes et panais

Temps de préparation : 10 mn

Temps de cuisson : 20 mn

Ingrédients
(3 pots de 130 g)
200 g de carottes
200 g de panais

Préparation

1- Nettoyer et peler les carottes et les panais. Les couper en rondelles épaisses.

2- Faire cuire les rondelles de légumes à la vapeur pendant 20 minutes.

3- Quand les légumes sont cuits, les mixer avec plus ou moins 20 cl de jus de cuisson, pour obtenir une purée totalement lisse et assez liquide.

4- Répartir la purée dans des pots individuels fermés et les conserver au réfrigérateur ou au congélateur.

Truc en +

Le panais a la même forme que la carotte, mais il est de couleur blanche. C'est un légume ancien, que vous trouverez en hiver, légèrement sucré et plus riche en vitamines et minéraux que la carotte.

Purée de fenouil

Temps de préparation : 10 mn

Temps de cuisson : 20 mn

Ingrédient
(3 pots de 130 g)
2 bulbes de fenouil

Préparation

1- Nettoyer et enlever la première écorce des fenouils. Les couper en lamelles épaisses.

2- Faire cuire les lamelles de fenouil à la vapeur pendant 20 minutes.

3- Quand les légumes sont cuits, les mixer avec plus ou moins 20 cl de jus de cuisson, pour obtenir une purée totalement lisse et assez liquide.

4- Répartir la purée dans des pots individuels fermés et les conserver au réfrigérateur ou au congélateur.

Truc en +

Si vous voulez une purée plus douce, ajoutez une belle pomme de terre coupée en morceaux que vous faites cuire en même temps que le fenouil.

Purée d'aubergine fondante

Temps de préparation : 5 mn

Temps de cuisson : 45 mn

Ingrédients
(3 pots de 130 g)
2 grosses aubergines
1 gousse d'ail

Préparation

1- Nettoyer les aubergines et les conserver entières.

2- Faire une papillote dans du papier sulfurisé et y enfermer les aubergines et la gousse d'ail pelée. Faire cuire le tout au four, à 200°, pendant 45 minutes.

3- Quand les aubergines sont cuites, ouvrir la papillote, les couper en deux et récupérer la chair à l'aide d'une cuillère.

4- Mixer la chair des aubergines avec l'ail et ajouter plus ou moins 10 cl de jus de cuisson, pour obtenir une purée totalement lisse et assez liquide.

5- Répartir la purée dans des pots individuels fermés et les conserver au réfrigérateur ou au congélateur.

Truc en +

La cuisson au four en papillote est aussi parfaite pour les courgettes. Elles seront moins aqueuses que si elles sont cuites à la vapeur.

Purée laitue et pommes de terre

Temps de préparation : 10 mn

Temps de cuisson : 20 mn

Ingrédient
(5 pots de 130 g)
400 g de pommes de terre farineuses
1 laitue

Préparation

1- Rincer les pommes de terre sous l'eau, les peler et les couper en cubes.

2- Nettoyer les feuilles de laitue dans plusieurs eaux pour qu'elles soient très propres.

3- Faire cuire les légumes à la vapeur pendant 20 minutes.

4- Quand les légumes sont cuits, commencer par mixer les feuilles de laitue. Ajouter ensuite les pommes de terre, puis 10 à 20 cl de jus de cuisson jusqu'à obtenir une purée totalement lisse et assez liquide.

5- Répartir la purée dans des pots individuels fermés et les conserver au réfrigérateur.

Truc en +

La laitue est une salade très douce, pour une saveur différente, remplacez-la par 4 endives dont vous aurez enlevé le cœur amer.

SOS purée : patate douce et duo de carottes

Temps de préparation : 5 mn

Temps de cuisson : 25 mn

Ingrédients
(3 pots de 130 g)
200 g de dés de patate douce surgelés, 200 g de carottes jaunes et orange surgelées

Préparation

1- Faire cuire les légumes à la vapeur pendant 25 minutes.

2- Quand les légumes sont cuits, les mixer avec plus ou moins 10 cl de jus de cuisson, pour obtenir une purée totalement lisse et assez liquide.

3- Répartir la purée dans des pots individuels fermés et les conserver au réfrigérateur ou au congélateur.

Truc en +

Il ne faut pas recongeler un produit qui a été décongelé, à moins de le recuisiner comme pour cette recette. Vous pouvez donc sans problème congeler le reste de cette purée.

SOS purée : artichaut

Temps de préparation : 5 mn

Temps de cuisson : 20 mn

Ingrédient
(3 pots de 130 g)
250 g de fonds d'artichauts surgelés

Préparation

1- Faire cuire les fonds d'artichauts à la vapeur pendant 20 minutes.

2- Quand ils sont cuits, les mixer avec plus ou moins 20 cl de jus de cuisson, pour obtenir une purée totalement lisse et assez liquide.

3- Répartir la purée dans des pots individuels fermés et les conserver au réfrigérateur ou au congélateur.

Truc en +

Les fonds d'artichauts surgelés sont très pratiques à utiliser pour les purées. Ils cuisent plus vite que les artichauts entiers qui demandent une grande préparation.

SOS purée : petits pois et carottes

Temps de préparation : 5 mn

Temps de cuisson : 20 mn

Ingrédients
(3 pots de 130 g)
400 g de mélange de petits pois et carottes surgelés

Préparation

1- Faire cuire les carottes et les petits pois à la vapeur pendant 20 minutes.

2- Quand ils sont cuits, les mixer avec plus ou moins 20 cl de jus de cuisson, pour obtenir une purée totalement lisse et assez liquide.

3- Répartir la purée dans des pots individuels fermés et les conserver au réfrigérateur ou au congélateur.

Truc en +

Pensez à bien utiliser les légumes nature et crus surgelés, car ils ne contiennent ni sel ni conservateurs.

Compote de pommes

Ingrédient
(3 pots de 130 g)
3 belles pommes

Temps de préparation : 10 mn

Temps de cuisson : 15 mn

Préparation

1- Rincer les pommes sous l'eau et les éplucher.

2- Enlever le cœur et les couper en quartiers.

3- Verser les quartiers dans une casserole, avec deux cuillères à soupe d'eau et faire compoter à feu moyen en mélangeant régulièrement pendant 15 minutes.

4- Mixer pour obtenir une compote bien lisse.

5- Répartir la compote dans des pots individuels fermés et les conserver au réfrigérateur ou au congélateur.

Truc en +

Les meilleures pommes pour les compotes sont les pommes jaunes (Golden) plutôt que les rouges, elles fondent mieux à la cuisson.

Compote de poires

Temps de préparation : 10 mn

Temps de cuisson : 10 mn

Ingrédient
(3 pots de 130 g)
2 belles poires

Préparation

1- Rincer les poires sous l'eau et les éplucher.

2- Enlever le cœur et les couper en petits morceaux.

3- Verser les morceaux dans une casserole et faire compoter à feu moyen en mélangeant régulièrement pendant 10 minutes.

4- Mixer pour obtenir une compote bien lisse.

5- Répartir la compote dans des pots individuels fermés et les conserver au réfrigérateur ou au congélateur.

Truc en +

Les poires sont meilleures en hiver, de septembre à mars. Pour les faire mûrir, conservez-les dans une corbeille à fruits.

Compote de pêches

Temps de préparation : 5 mn

Temps de cuisson : 10 mn

Ingrédient
(3 pots de 130 g)
3 pêches jaunes

Préparation

1- Rincer les pêches.

2- Les faire cuire entières à la vapeur pendant 10 minutes.

3- Peler les pêches, récupérer la chair et la mixer pour obtenir une compote bien lisse.

4- Répartir la compote dans des pots individuels fermés et les conserver au réfrigérateur ou au congélateur.

Truc en +

La cuisson à la vapeur permet d'avoir une compote plus épaisse que si vous faites cuire les pêches en morceaux dans une casserole.

Compote d'abricots

Temps de préparation : 10 mn

Temps de cuisson : 10 mn

Ingrédients
(3 pots de 130 g)
1 pomme
6 abricots mûrs

Préparation

1- Rincer les fruits sous l'eau.

2- Peler et couper la pomme en deux. Enlever le cœur et la couper en petits morceaux.

3- Couper les abricots en deux, enlever le noyau.

4- Verser les morceaux dans une casserole et faire compoter à feu moyen en mélangeant régulièrement pendant 10 minutes.

5- Mixer pour obtenir une compote bien lisse.

6- Répartir la compote dans des pots individuels fermés et les conserver au réfrigérateur ou au congélateur.

Truc en +

Les abricots étant assez acides, ajoutez de la pomme dans la compote pour l'adoucir.

Compote de pruneaux

Temps de préparation : 5 mn

Temps de cuisson : 10 mn

Ingrédient
(2 pots de 130 g)
20 gros pruneaux dénoyautés

Préparation

1- La veille, faire tremper les pruneaux dans un saladier d'eau, au réfrigérateur.

2- Le lendemain, faire cuire les pruneaux dans une casserole avec 30 cl du jus de trempage, pendant 10 minutes.

3- Mixer pour obtenir une compote bien lisse en ajoutant si besoin encore un peu d'eau.

4- Répartir la compote dans des pots individuels fermés et les conserver au réfrigérateur ou au congélateur.

Truc en +

Cette compote est idéale si votre bébé est un peu constipé.

Compote pommes-vanille

Temps de préparation : 10 mn

Temps de cuisson : 15 mn

Ingrédients
(3 pots de 130 g)
3 belles pommes
1/2 gousse de vanille

Préparation

1- Rincer les pommes sous l'eau et les éplucher.

2- Enlever le cœur et les couper en quartiers.

3- Fendre la gousse de vanille en deux à l'aide d'un couteau.

4- Verser les quartiers de pomme dans une casserole avec deux cuillères à soupe d'eau et la gousse de vanille ; faire compoter à feu moyen en mélangeant régulièrement pendant 15 minutes.

5- Enlever la vanille et mixer pour obtenir une compote bien lisse.

6- Répartir la compote dans des pots individuels fermés et les conserver au réfrigérateur ou au congélateur.

Truc en +

N'utilisez pas d'arôme artificiel de vanille pour votre bébé, ni d'extrait de vanille qui contient de l'alcool. Après cuisson de la compote, essuyez et conservez la gousse de vanille dans du sucre pour le parfumer.

Compote de pommes à la fleur d'oranger

Temps de préparation : 10 mn

Temps de cuisson : 15 mn

Ingrédients
(3 pots de 130 g)
3 belles pommes
1 cc d'eau de fleur d'oranger

Préparation

1- Rincer les pommes sous l'eau et les éplucher.

2- Enlever le cœur et les couper en quartiers.

3- Verser les quartiers dans une casserole, avec deux cuillères à soupe d'eau et l'eau de fleur d'oranger, et faire compoter à feu moyen en mélangeant régulièrement pendant 15 minutes.

4- Mixer pour obtenir une compote bien lisse.

5- Répartir la compote dans des pots individuels fermés et les conserver au réfrigérateur ou au congélateur.

Truc en +

L'eau de fleur d'oranger est très douce. Nos grands-mères en ajoutaient quelques gouttes dans le lait des bébés pour les apaiser et les aider à bien dormir.

Compote pommes-poires

Ingrédients
(3 pots de 130 g)
2 belles pommes
1 poire

Temps de préparation : 10 mn

Temps de cuisson : 10 mn

Préparation

1- Rincer les fruits sous l'eau et les éplucher.

2- Enlever le cœur et les couper en moitiés.

3- Les faire cuire à la vapeur pendant 10 minutes.

4- Mixer pour obtenir une compote bien lisse.

5- Répartir la compote dans des pots individuels fermés et les conserver au réfrigérateur ou au congélateur.

Truc en +

Cette recette est adaptée à la cuisson à la vapeur dans les robots de cuisson pour bébé.

Compote pommes-mandarine

Temps de préparation : 10 mn

Temps de cuisson : 10 mn

Ingrédients
(3 pots de 130 g)
3 belles pommes
1 mandarine

Préparation

1- Rincer les pommes sous l'eau et les éplucher.

2- Enlever le cœur des pommes et les couper en petits morceaux.

3- Couper la mandarine en deux et presser le jus.

4- Verser les morceaux de pommes dans une casserole, ajouter le jus de mandarine et faire compoter à feu moyen en mélangeant régulièrement pendant 10 minutes.

5- Mixer pour obtenir une compote bien lisse.

6- Répartir la compote dans des pots individuels fermés et les conserver au réfrigérateur ou au congélateur.

Truc en +

Remplacez la mandarine par une clémentine, mais évitez les agrumes trop acides pour votre bébé.

Compote de pommes, orange et badiane

Temps de préparation : 15 mn

Temps de cuisson : 10 mn

Ingrédients
(3 pots de 130 g)
3 belles pommes
1 orange
1 étoile de badiane
(anis étoilé)

Préparation

1- Rincer les pommes sous l'eau et les éplucher.

2- Enlever le cœur des pommes et les couper en petits morceaux.

3- Peler et récupérer les suprêmes d'orange en enlevant bien la peau blanche et amère.

4- Verser les morceaux de pommes et d'orange dans une casserole, ajouter l'étoile de badiane et faire compoter à feu moyen en mélangeant régulièrement pendant 10 minutes.

5- Enlever l'étoile de badiane et mixer pour obtenir une compote bien lisse.

6- Répartir la compote dans des pots individuels fermés et les conserver au réfrigérateur ou au congélateur.

Truc en +

Vous pouvez dès à présent ajouter des épices douces dans les purées et compotes de votre bébé, mais évitez le piment trop fort. Celles qui plaisent le plus sont la vanille, la cannelle, la badiane pour le sucré et le curry doux, la muscade, le fenouil, la coriandre pour le salé.

Compote de poires, courgette et vanille

Temps de préparation : 10 mn

Temps de cuisson : 20 mn

Ingrédients
(3 pots de 130 g)

2 poires
1 courgette
1/2 gousse de vanille

Préparation

1- Rincer les poires et la courgette sous l'eau.

2- Eplucher et enlever le cœur des poires. Les couper en petits morceaux. Peler puis couper la courgette en dés.

3- Fendre la demi-gousse de vanille en deux à l'aide d'un couteau.

4- Verser les morceaux de poires et de courgette dans une casserole, ajouter 2 cuillères à soupe d'eau et la vanille fendue. Faire compoter à feu moyen en mélangeant régulièrement pendant 20 minutes.

5- Enlever la vanille et mixer le tout pour obtenir une compote bien lisse.

6- Répartir la compote dans des pots individuels fermés et les conserver au réfrigérateur ou au congélateur.

Truc en +

N'hésitez pas à ajouter une touche de légumes dans les compotes de bébé. Le potiron, le potimarron et la carotte s'associent très bien aussi aux fruits pour créer des compotes originales.

Compote de pommes, coing et vanille

Temps de préparation : 10 mn

Temps de cuisson : 20 mn

Ingrédients
(3 pots de 130 g)
2 belles pommes
1 coing
1/2 gousse de vanille

Préparation

1– Rincer les pommes et le coing sous l'eau puis les éplucher.

2– Enlever le cœur des fruits et les couper en petits morceaux.

3– Fendre la demi-gousse de vanille en deux à l'aide d'un couteau.

4– Faire cuire les morceaux de fruits avec la vanille pendant 20 minutes à la vapeur.

5– Récupérer les graines de la gousse de vanille, la jeter, puis mixer avec les morceaux de fruits pour obtenir une compote bien lisse. Si la compote est trop épaisse, rajouter un peu d'eau.

6– Répartir la compote dans des pots individuels fermés et les conserver au réfrigérateur ou au congélateur.

Truc en +

Vous trouverez facilement des coings en automne dans les épiceries bio ou au marché, plus rarement en grande surface. Le coing donne une compote assez épaisse et est plus long à cuire que la pomme. Associez-le aussi à la poire pour un délicieux dessert.

Compote pommes-pruneaux

Temps de préparation : 10 mn

Temps de cuisson : 10 mn

Ingrédients
(2 pots de 130 g)
2 belles pommes
6 pruneaux moelleux dénoyautés

Préparation

1- Rincer les pommes sous l'eau et les éplucher.

2- Enlever le cœur des pommes et les couper en petits morceaux.

3- Faire cuire les pommes et les pruneaux à la vapeur pendant 10 minutes.

4- Mixer pour obtenir une compote bien lisse.

5- Répartir la compote dans des pots individuels fermés et les conserver au réfrigérateur ou au congélateur.

Truc en +

La cuisson à la vapeur permet de ne pas avoir à faire tremper les pruneaux avant cuisson.

Compote de poires aux céréales

Temps de préparation : 10 mn

Temps de cuisson : 10 mn

Ingrédients
(3 pots de 130 g)
2 belles poires
2 cc de céréales
sans gluten à la vanille

Préparation

1- Rincer les poires sous l'eau et les éplucher.

2- Enlever le cœur et les couper en petits morceaux.

3- Verser les morceaux dans une casserole et faire compoter à feu moyen en mélangeant régulièrement pendant 10 minutes.

4- Ajouter les céréales en fin de cuisson et mélanger.

5- Mixer pour obtenir une compote bien lisse.

6- Répartir la compote dans des pots individuels fermés et les conserver au réfrigérateur ou au congélateur.

Truc en +

Utilisez pour cette recette des céréales sans gluten instantanées pour bébé. Elles permettent d'épaissir la compote et de lui donner une saveur légèrement biscuitée.

SOS Compote : quetsches-cannelle

Temps de préparation : 5 mn

Temps de cuisson : 10 mn

Ingrédients
(3 pots de 130 g)
500 g d'oreillons de quetsches surgelés
1 petit bâton de cannelle

Préparation

1- Verser les quetsches dans une casserole et faire compoter à feu moyen en mélangeant régulièrement pendant 10 minutes, avec le bâton de cannelle.

2- Enlever la cannelle et mixer pour obtenir une compote bien lisse.

3- Répartir la compote dans des pots individuels fermés et les conserver au réfrigérateur ou au congélateur.

Truc en +

N'hésitez pas à utiliser les fruits surgelés nature pour préparer des compotes pour votre bébé quand vous n'avez plus de fruits frais. Les quetsches sont une variété de prunes rouges, vous pouvez aussi les associer avec des mirabelles surgelées pour une saveur différente.

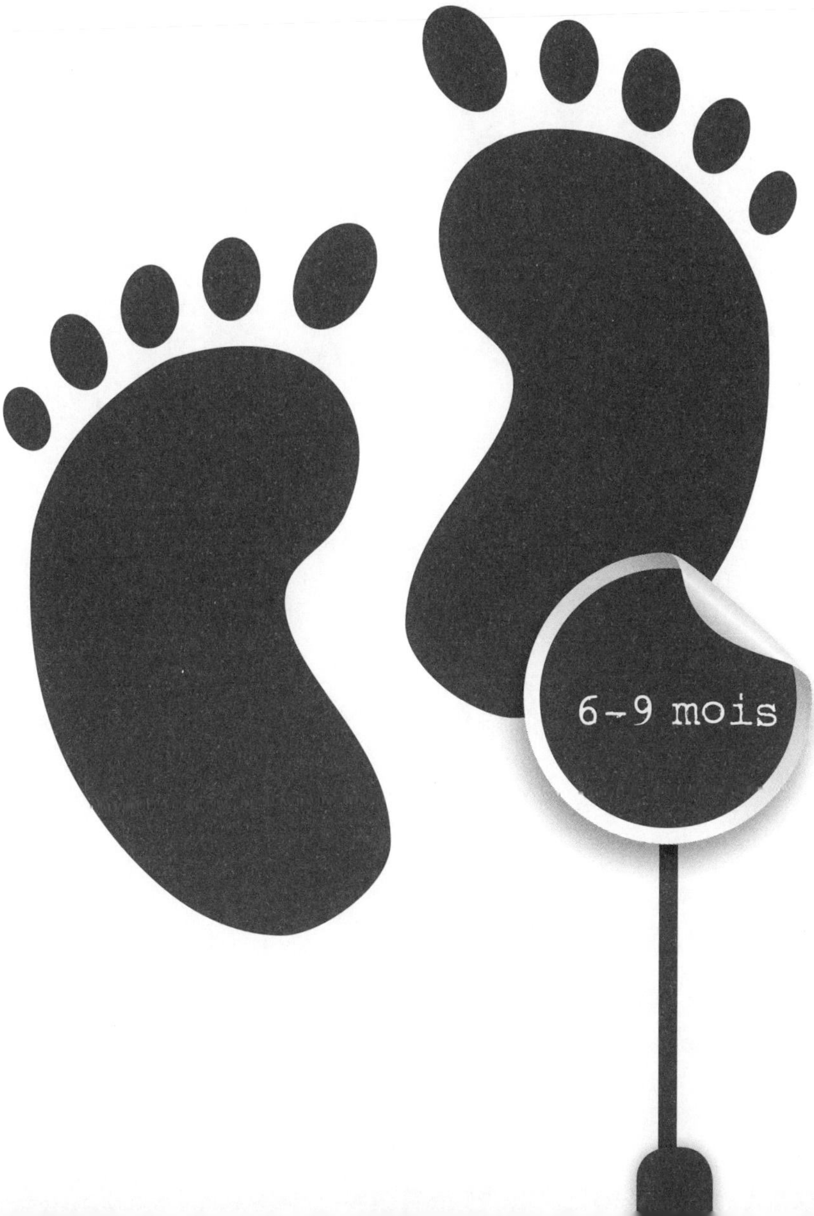
6-9 mois

Maintenant que votre bébé a découvert depuis deux mois ses premières purées et compotes et qu'il apprécie sa nouvelle alimentation, vous pouvez aller encore plus loin dans la diversification. En effet, à partir de 6 mois, vous pouvez ajouter au repas du midi une petite dose de protéines, sous forme d'abord de viande puis de poisson.

Petit à petit, proposez-lui de la viande blanche (poulet, dinde, veau ou lapin), puis rouge (bœuf, agneau, canard) et enfin du poisson (les poissons blancs, puis les poissons gras). La quantité donnée est minime, elle représente 10 g par jour.

Comme ce n'est pas évident de faire cuire tous les jours et de mixer la portion de protéines adaptée à votre bébé, j'ai trouvé une astuce bien pratique : les glaçons. Le principe est très simple, vous faites cuire un morceau entier de viande ou de poisson avant de le mixer et de le répartir dans les alvéoles d'un bac à glaçons que vous congelez.

Il ne vous restera plus qu'à sortir un glaçon de viande ou de poisson et à l'ajouter dans la purée qu'il faudra ensuite réchauffer. Pratique, non ? Cela vous permet de varier les repas de votre bébé si vous fonctionnez avec plusieurs bacs à glaçons conservés au congélateur.

En plus des protéines, c'est aussi le moment d'intégrer le riz dans son alimentation. Pour faciliter sa digestion, le mieux est de commencer à le lui proposer sous forme de farine de riz précuite. On la trouve nature dans les magasins biologiques (sous le nom de crème de riz) ou sous forme de céréales infantiles sans gluten en grande surface, souvent parfumées à la vanille et qui ne nécessitent pas de cuisson. Petit à petit, vous pourrez aussi faire cuire le riz longtemps dans de l'eau et le mixer pour épaissir ses purées de légumes et lui donner de l'énergie car il commence à en avoir bien besoin.

Vous pouvez aussi ajouter dès maintenant une petite cuillère à café de matières grasses dans les purées, au dernier moment pour conserver leurs bienfaits. Vous pouvez alterner entre le beurre (toujours doux, jamais salé), l'huile d'olive ou l'huile de colza. Vous verrez aussi que les recettes suivantes comportent des herbes et des épices. Ayez toujours la main légère, mais vous allez voir, les bébés adorent les saveurs des différentes épices ! Faites juste attention à utiliser des épices douces, non pimentées.

Et si votre bébé commence à bouder ses biberons, vous pouvez aussi remplacer le lait du midi et du goûter par un laitage au lait infantile pour continuer à couvrir tous ses besoins en calcium. Dans quelques mois, il découvrira les laitages au lait entier, mais pas tout de suite ! Vous pouvez aussi dès à présent remplacer son lait 1er âge par du lait 2e âge, plus adapté à ses besoins.

Comme pour les mois précédents, quand, dans les recettes ci-dessous, vous voyez « lait » comme ingrédient, utilisez celui que vous donnez à boire à votre bébé.

"Cubes" de poulet

Temps de préparation : 10 mn

Temps de cuisson : 10 mn

Ingrédients
(8 à 10 portions)
1 blanc de poulet
1 feuille de laurier

Préparation

1- Verser de l'eau dans une petite casserole et la porter à ébullition.

2- Ajouter le blanc de poulet et la feuille de laurier. Baisser le feu et laisser cuire à feu doux pendant une dizaine de minutes.

3- Récupérer le blanc de poulet, le couper en gros morceaux et le hacher dans un petit mixeur.

4- Répartir le poulet haché dans les alvéoles d'un bac à glaçons, pour obtenir des portions de 10 grammes.

5- Envelopper le bac à glaçon de film alimentaire et le conserver au congélateur.

Truc en +

Sortez au dernier moment le glaçon de poulet du congélateur et faites-le décongeler au four à micro-ondes tout seul dans un bol, ou avec la purée de légumes congelée. Cette méthode de cuisson est idéale pour varier les repas de votre enfant, en diversifiant les associations viande/poisson et purée pour l'éveiller à différentes saveurs.

"Cubes" de veau

Temps de préparation : 10 mn

Temps de cuisson : 10 mn

Ingrédient
(8 à 10 portions)
1 morceau de 120 g de quasi de veau, d'escalope ou de filet

Préparation

1- Verser de l'eau dans une petite casserole et la porter à ébullition.

2- Ajouter le veau coupé en tout petits morceaux, couvrir la casserole avec un couvercle et arrêter la cuisson.

3- Laisser la viande cuire dans le liquide bouillant pendant 10 minutes : le veau va garder son moelleux et ne sera pas sec.

4- Récupérer les morceaux de veau et les hacher dans un petit mixeur. Si besoin, ajouter un peu d'eau de cuisson pour mixer la viande finement.

5- Répartir le veau haché dans les alvéoles d'un bac à glaçons, pour obtenir des portions de 10 grammes.

6- Envelopper le bac à glaçons de film alimentaire et le conserver au congélateur.

Truc en +

Cette méthode de cuisson permet de conserver une viande moelleuse. Pour faire goûter à votre bébé de la viande de veau, optez pour des morceaux à cuisson rapide qui ne sont ni fibreux ni gélatineux. Le mieux est de demander conseil à votre boucher.

"Cubes" de boeuf

Temps de préparation : 15 mn

Temps de cuisson : 10 mn

Ingrédient
(8 à 10 portions)
150 g de filet de bœuf
(sans ficelle ni barde)

Préparation

1- Faire cuire le morceau entier de filet de bœuf à la vapeur pendant 10 minutes, jusqu'à ce qu'il soit cuit à cœur.

2- Récupérer le filet, le couper en gros morceaux et le hacher dans un petit mixeur. Ajouter si besoin un peu d'eau de cuisson pour obtenir un haché très fin.

3- Répartir le bœuf haché dans les alvéoles d'un bac à glaçons, pour obtenir des portions de 10 grammes.

4- Envelopper le bac à glaçons de film alimentaire et le conserver au congélateur.

Truc en +

Les adultes ont l'habitude de consommer le bœuf saignant, cependant pour votre bébé, il faut faire cuire la viande à cœur pour éviter les germes qui pourraient le rendre malade. Evitez également de donner de la viande achetée déjà hachée, c'est une grande source de contamination par les parasites. Il est plus prudent de hacher vous-même votre viande après cuisson.

"Cubes" de cabillaud

Temps de préparation : 15 mn

Temps de cuisson : 10 mn

Ingrédient
(8 à 10 portions)
180 g de dos de cabillaud

Préparation

1- Verser de l'eau dans une petite casserole et la porter à ébullition.

2- Ajouter le dos de cabillaud. Baisser le feu et laisser cuire à feu doux pendant 5 minutes.

3- Récupérer le dos de cabillaud, le couper en gros morceaux et le hacher dans un petit mixeur.

4- Répartir le cabillaud haché dans les alvéoles d'un bac à glaçons, pour obtenir des portions de 10 grammes.

5- Envelopper le bac à glaçons de film alimentaire et le conserver au congélateur.

Truc en +

Le cabillaud est un poisson blanc très doux, idéal comme premier poisson à faire découvrir à votre bébé. Faites attention à bien enlever les arêtes, ce sera plus facile sur le dos de cabillaud qui est plus épais que les filets. Il sera aussi plus moelleux.

"Cubes" de sole

Ingrédients (6 à 8 portions)
1 sole
2 rondelles de citron
2 tiges de persil

Temps de préparation : 20 mn

Temps de cuisson : 10 mn

Préparation

1- Ecailler et vider la sole, sinon demander au poissonnier de le faire.

2- Déposer la sole dans le panier d'un cuit-vapeur. Disposer dessus les rondelles de citron et le persil et la faire cuire 10 minutes à la vapeur.

3- Récupérer la sole et la poser sur une planche à découper. Enlever la peau, récupérer les filets et vérifier qu'ils ne contiennent pas d'arêtes.

4- Hacher les filets avec le persil dans un petit mixeur.

5- Répartir la sole hachée dans les alvéoles d'un bac à glaçons, pour obtenir des portions de 10 grammes.

6- Envelopper le bac à glaçons de film alimentaire et le conserver au congélateur.

Truc en +

La sole est plus facile à faire cuire entière qu'en filets, car elle se desséchera moins. Elle est très douce et son goût est très apprécié des bébés. Vous pouvez la remplacer par de la limande ou de la plie, deux autres poissons plats au prix un peu moins élevé.

"Cubes" de saumon

Temps de préparation : 15 mn

Temps de cuisson : 10 mn

Ingrédient
(8 à 10 portions)
1 pavé de saumon

Préparation

1- Verser de l'eau dans une petite casserole et la porter à ébullition.

2- Enlever la peau du pavé de saumon et enlever les arêtes avec une pince à épiler.

3- Plonger le pavé de saumon dans la casserole. Baisser le feu et laisser cuire à feu doux pendant 5 minutes.

4- Récupérer le pavé de saumon, le couper en gros morceaux et le hacher dans un petit mixeur.

5- Répartir le saumon haché dans les alvéoles d'un bac à glaçons, pour obtenir des portions de 10 grammes.

6- Envelopper le bac à glaçons de film alimentaire et le conserver au congélateur.

Truc en +

Le saumon contient de bons acides gras nécessaires à votre bébé. Evitez cependant le saumon d'élevage qui est très gras et moins digeste que le saumon sauvage. Sinon, optez pour du saumon Label Rouge, qui est de meilleure qualité.

Purée d'aubergines au bœuf et au curry

Temps de préparation : 15 mn

Temps de cuisson : 30 mn

Ingrédients (3 portions)
2 petites aubergines, 2 petites pommes de terre, 1 gousse d'ail 1 pincée de curry doux, 1 brin de ciboulette, 3 cubes de bœuf (voir page 78)

Préparation

1- Rincer les aubergines sous l'eau, ainsi que la gousse d'ail. Inciser les aubergines avec un couteau et les enfermer avec l'ail dans une papillote de papier sulfurisé.

2- Faire cuire la papillote au four pendant 30 minutes à 180°.

3- Pendant ce temps, faire cuire les pommes de terre pelées et coupées en cubes dans une casserole d'eau bouillante pendant 15 minutes.

4- Quand la papillote est cuite, enlever la peau des aubergines et de la gousse d'ail.

5- Mixer les pommes de terre avec les aubergines, l'ail, le curry, la ciboulette. Ajouter un peu d'eau de cuisson des pommes de terre pour détendre la purée.

6- Répartir la purée dans des pots individuels fermés et les conserver au réfrigérateur.

7- Au dernier moment, ajouter le cube de bœuf dans la purée (avant de la faire réchauffer). Bien mélanger avant de servir.

Truc en +

Il faut éviter de congeler les purées à base de pomme de terre car elles perdent leur texture onctueuse.

Velouté de panais à la noix de muscade

Temps de préparation : 10 mn

Temps de cuisson : 20 mn

Ingrédients (3 portions)

4 panais moyens
1 pomme de terre
1 pincée de noix de muscade râpée

Préparation

1- Nettoyer les légumes sous l'eau et les peler à l'aide d'un économe.

2- Couper les panais et la pomme de terre en morceaux.

3- Remplir une casserole d'eau et la porter à ébullition. Ajouter les légumes et les laisser cuire à feu moyen pendant 20 minutes.

4- Quand les légumes sont cuits, les mixer avec plus ou moins 40 cl de jus de cuisson, pour obtenir un velouté assez liquide. Ajouter la pincée de noix de muscade râpée et mélanger.

5- Répartir le velouté dans des pots individuels fermés et les conserver au réfrigérateur ou au congélateur.

Truc en +

La noix de muscade est le fruit du muscadier, un arbre tropical. Cet arbre donne la fleur de muscade de couleur orange, qui devient ensuite un fruit qui est appelé macis. A l'intérieur du macis, se trouve son noyau, la noix de muscade. Celle-ci a un goût très doux, très apprécié des enfants et relève à merveille les purées de légumes blancs (chou-fleur, pomme de terre, panais), mais aussi les compotes de pommes.

Purée de potiron, veau et cumin

Temps de préparation : 15 mn

Temps de cuisson : 20 mn

Ingrédients (3 portions)
1/2 tranche de potiron,
1 échalote, 1 pomme de terre
1 pincée de cumin en poudre
3 cubes de veau
(voir page 77)

Préparation

1- Rincer le potiron sous l'eau, le sécher avec de l'essuie-tout et, à l'aide d'un bon couteau, enlever son écorce et ses pépins. Le couper ensuite en cubes.

2- Peler et couper la pomme de terre en cubes, puis peler l'échalote.

3- Remplir une casserole d'eau et la porter à ébullition. Ajouter les légumes et les laisser cuire à feu moyen pendant 20 minutes. Attention, le potiron va se décomposer dans l'eau de cuisson, aussi il ne faut pas mettre trop d'eau.

4- Quand les légumes sont cuits, les mixer avec plus ou moins 10 cl de jus de cuisson, pour obtenir une purée assez liquide. Ajouter la pincée de cumin et mélanger.

5- Répartir la purée dans des pots individuels fermés et les conserver au réfrigérateur ou au congélateur.

6- Au dernier moment, ajouter le cube de veau dans la purée (avant de la faire réchauffer). Bien mélanger avant de servir.

Truc en +

N'hésitez pas à multiplier les proportions pour congeler cette recette, le potiron est un légume que les bébés adorent et que l'on ne trouve pas tout au long de l'année…

Mon premier pot-au-feu

Temps de préparation : 20 mn

Temps de cuisson : 45 mn

Ingrédients (5 portions)

200 g de bœuf à bouillir,
4 carottes, 1/2 courge butternut,
2 petits poireaux, 1 échalote,
1 branche de thym,
1 clou de girofle

Préparation

1- Peler les carottes, couper les extrémités et les conserver entières, peler l'échalote et la couper en deux. Enlever la base des poireaux et conserver uniquement les blancs, puis les fendre dans la longueur. Enlever l'écorce de la courge et la couper en gros morceaux.

2- Verser tous les légumes dans une petite cocotte, ajouter le thym, le clou de girofle et la viande. Couvrir d'eau et laisser cuire pendant 45 minutes à couvert.

3- Quand les légumes sont cuits, les mixer avec plus ou moins 10 cl de jus de cuisson, pour obtenir une purée assez liquide. La répartir dans des pots individuels fermés.

4- Récupérer le morceau de bœuf, le couper en gros morceaux et le hacher dans un petit mixeur.

5- Ajouter dans chaque pot de purée 10 g de bœuf haché, conserver le reste dans les alvéoles d'un bac à glaçons, comme pour faire des glaçons de viande (voir pages précédentes).

6- Conserver les pots au réfrigérateur ou au congélateur.

Truc en +

Vous pouvez, sur le même principe, faire un pot-au-feu de veau avec un morceau de jarret.

Bœuf aux carottes

Temps de préparation : 10 mn

Temps de cuisson : 20 mn

Ingrédients
(3 portions)
4 carottes
1 patate douce moyenne
1 petit pavé de rumsteck

Préparation

1– Rincer les légumes sous l'eau et les sécher dans du papier essuie-tout.

2– Peler les carottes et la patate douce et les couper en gros morceaux.

3– Faire cuire les légumes à la vapeur pendant 20 minutes, avec le pavé de rumsteck.

4– Quand les légumes sont cuits, les mixer pour obtenir une purée totalement lisse. Ajouter progressivement 10 cl de jus de cuisson pour obtenir une purée plus liquide.

5– Répartir la purée dans des pots individuels fermés.

6– Récupérer le morceau de bœuf, le couper en gros morceaux et le hacher dans un petit mixeur.

7– Ajouter dans chaque pot de purée 10 g de bœuf haché, conserver le reste dans les alvéoles d'un bac à glaçons, comme pour faire des glaçons de viande (voir pages précédentes).

8– Conserver les pots au réfrigérateur ou au congélateur.

Truc en +

La patate douce apporte une texture très onctueuse à la purée. Mélangée à la carotte, elle ne change pas sa couleur et en plus elle se congèle très bien contrairement à la pomme de terre.

Parmentier des bébés

Temps de préparation : 10 mn

Temps de cuisson : 20 mn

Ingrédients (2 portions)
30 g de blanc de poulet,
1 échalote, 1 tomate,
300 g de pommes de terre,
10 cl de lait, 1 brin de persil,
1 cc d'huile d'olive

Préparation

1- Peler les pommes de terre, les couper en cubes et les faire cuire à la vapeur pendant 20 minutes.

2- Pendant ce temps, peler et émincer l'échalote. Enlever la peau de la tomate et les pépins pour ne conserver que la chair. La couper en petits dés.

3- Faire chauffer une poêle avec l'huile d'olive. Y faire revenir l'échalote avec le poulet coupé en petits dés, pendant 5 minutes. Ajouter les dés de tomates, mélanger et poursuivre la cuisson 2 minutes. Ajouter le persil en fin de cuisson.

4- Mixer le contenu de la poêle et répartir le hachis de poulet dans deux pots individuels.

5- Mixer ensuite les pommes de terre en purée et détendre la purée avec le lait en ajoutant plus ou moins de jus de cuisson pour obtenir une purée moelleuse.

6- Répartir la purée sur le hachis de poulet dans les pots, puis le conserver au réfrigérateur.

Truc en +

Sur le même principe, vous pouvez réaliser un Parmentier avec d'autres viandes : gigot d'agneau, bavette de bœuf, ou bien escalope de veau.

Ratatouille "toute douce"

Temps de préparation : 15 mn

Temps de cuisson : 20 mn

Ingrédients (2 portions)
1 courgette, 1 aubergine,
1 tomate, 1 gousse d'ail,
1 branche de thym,
2 cc d'huile d'olive

Préparation

1- Nettoyer les légumes sous l'eau. Peler la courgette et l'aubergine et les couper en cubes.

2- Peler et enlever les pépins de la tomate, la couper en quartiers.

3- Peler et enlever le germe de la gousse d'ail.

4- Faire cuire tous les légumes avec la branche de thym pendant 20 minutes à la vapeur.

5- Mixer les légumes sans le thym et ajouter l'huile d'olive.

6- Répartir la purée dans deux pots individuels puis les conserver au réfrigérateur.

Truc en +

Faites cuire en même temps que les légumes un morceau de cabillaud pour qu'il prenne le parfum des légumes et du thym, puis mixez-le pour faire des « cubes » de cabillaud.

Courgettes, avocat et poulet

Temps de préparation : 10 mn

Temps de cuisson : 20 mn

Ingrédients (3 portions)
2 courgettes moyennes
1 patate douce
1 avocat
1 blanc de poulet
1 branche de thym

Préparation

1- Nettoyer les légumes sous l'eau, peler les courgettes et la patate douce puis les couper en cubes.

2- Les faire cuire pendant 20 minutes dans une grande casserole d'eau bouillante avec le thym. Ajouter au bout de 10 minutes la viande coupée en cubes.

3- Enlever la peau de l'avocat et le noyau. Couper la chair en cubes.

4- Quand les légumes sont cuits, les récupérer et les mixer avec la chair de l'avocat. Ajouter plus ou moins d'eau selon la texture désirée.

5- Répartir la purée dans des pots individuels fermés.

6- Récupérer les morceaux de poulet et les hacher dans un petit mixeur.

7- Ajouter dans chaque pot de purée 10 g de poulet haché, conserver le reste dans les alvéoles d'un bac à glaçons, comme pour faire des glaçons de viande (voir pages précédentes).

8- Conserver les pots au réfrigérateur ou au congélateur.

Truc en +

Meilleure froide, cette purée sera idéale pour un déjeuner en extérieur avec bébé, sans avoir besoin de la réchauffer. L'avocat apporte une texture soyeuse vraiment appréciée par les bébés.

Purée brocoli-pommes de terre

Temps de préparation : 15 mn

Temps de cuisson : 20 mn

Ingrédients (4 portions)
1 bouquet de brocoli
2 pommes de terre
1 pincée de muscade râpée
10 cl de lait

Préparation

1- Rincer les légumes sous l'eau.

2- Peler et couper en cubes les pommes de terre.

3- Couper les fleurettes du brocoli et jeter le pied.

4- Faire cuire les légumes à la vapeur pendant 20 minutes.

5- Quand les légumes sont cuits, commencer par mixer les fleurettes de brocoli. Ajouter ensuite les pommes de terre, puis le lait et si besoin un peu de jus de cuisson jusqu'à obtenir une purée totalement lisse et assez liquide.

6- Répartir la purée dans des pots individuels fermés et les conserver au réfrigérateur.

Truc en +

Le brocoli appartient à la famille des choux. Il peut être plus ou moins facile à digérer par votre bébé, c'est pour cela qu'il vaut mieux ne pas conserver son pied qui, lui, est encore moins digeste. Cette recette est aussi réalisable avec du chou-fleur, en conservant le même temps de cuisson.

Velouté de légumes à la crème de riz

Temps de préparation : 10 mn

Temps de cuisson : 25 mn

Ingrédients (3 portions)
2 courgettes, 2 carottes, 1 poireau, 1 petit oignon, 1 branche de thym, 10 g de beurre, 2 cs de crème de riz

Préparation

1- Rincer les légumes sous l'eau.

2- Peler et couper en rondelles épaisses les carottes et les courgettes.

3- Peler l'oignon et le couper en quartiers.

4- Couper le vert du poireau et son pied, les jeter et émincer en rondelles le blanc.

5- Faire cuire tous les légumes dans une casserole d'eau bouillante, avec la branche de thym, pendant 20 minutes.

6- Quand les légumes sont cuits, les mixer (sans le thym) avec plus ou moins 30 cl de jus de cuisson pour obtenir une soupe assez liquide. Ajouter la crème de riz et mixer à nouveau.

7- Verser la soupe dans la casserole et poursuivre la cuisson pendant 5 minutes pour que la crème de riz cuise et épaississe le velouté.

8- Répartir le velouté dans des pots individuels fermés et les conserver au réfrigérateur ou au congélateur.

Truc en +

Faite à base de riz, la crème de riz précuite se trouve sous forme de farine en épicerie bio. Elle permet d'épaissir compotes et soupes.

Duo de courgettes et riz

Temps de préparation : 10 mn

Temps de cuisson : 25 mn

Ingrédients (2 portions)

2 courgettes

1 cs de riz rond

10 g de beurre

Préparation

1- Rincer les courgettes sous l'eau, les peler et les couper en cubes.

2- Remplir une casserole d'eau et la porter à ébullition. Verser le riz dedans, baisser le feu pour une cuisson à feu moyen.

3- Au bout de 5 minutes, ajouter les cubes de courgettes. Poursuivre la cuisson pendant 20 minutes.

4- Verser le contenu de la casserole dans une passoire, puis mixer le riz et les courgettes jusqu'à obtenir une purée moelleuse.

5- Ajouter le beurre puis répartir la purée dans des pots individuels fermés et les conserver au réfrigérateur ou au congélateur.

Truc en +

Utilisez pour cette recette un riz rond qui gonfle bien à la cuisson et qui donnera une bonne onctuosité à la purée, comme par exemple du riz à risotto. Cette recette est réalisable avec d'autres légumes aqueux, comme la tomate, l'aubergine ou le pâtisson.

Carottes, riz au curry

Temps de préparation : 10 mn

Temps de cuisson : 25 mn

Ingrédients (2 portions)
4 carottes
1 cs de riz rond
1 pincée de curry en poudre
10 g de beurre

Préparation

1- Rincer les carottes sous l'eau.

2- Peler et couper les carottes en rondelles.

3- Remplir une casserole d'eau et la porter à ébullition. Verser le riz dedans ainsi que le curry. Baisser le feu pour une cuisson à feu moyen.

4- Au bout de 5 minutes, ajouter les rondelles de carottes. Poursuivre la cuisson pendant 20 minutes.

5- Verser le contenu de la casserole dans une passoire puis mixer le riz et les carottes jusqu'à obtenir une purée moelleuse. Ajouter si besoin plus ou moins 10 cl d'eau pour détendre la purée.

6- Ajouter le beurre puis répartir la purée dans des pots individuels fermés et les conserver au réfrigérateur ou au congélateur.

Truc en +

Vous pouvez aussi ajouter une poignée de petits pois surgelés en même temps que la cuisson du riz et des carottes, et remplacer le curry par du cumin en poudre pour donner une saveur différente à la purée.

Crème de betteraves à la sole

Temps de préparation : 10 mn

Temps de cuisson : 10 mn

Ingrédients (2 portions)
400 g de betteraves sous vide, 1 cs de crème fraîche, 2 tiges de ciboulette, 30 g de filet de sole

Préparation

1– Rincer, peler et couper les betteraves en gros cubes.

2– Faire cuire à la vapeur les cubes de betteraves avec la sole pendant 10 minutes.

3– Mixer les cubes de betteraves avec la sole, la ciboulette et la crème, jusqu'à obtenir une purée onctueuse.

4– Répartir la purée dans des pots individuels fermés et les conserver au réfrigérateur ou au congélateur.

Truc en +

Vous pouvez utiliser une betterave crue, cependant la cuisson sera beaucoup plus longue – environ 30 minutes –, c'est pourquoi les betteraves sous vide et conservées au naturel vous feront gagner du temps. Evitez cependant encore les conserves, car elles sont trop salées pour votre bébé.

Brandade de saumon

Temps de préparation : 15 mn

Temps de cuisson : 20 mn

Ingrédients (2 portions)
4 pommes de terre moyennes
1 gousse d'ail
30 g de pavé de saumon
2 brins d'aneth
20 cl de lait

Préparation

1- Rincer, peler et couper les pommes de terre en gros cubes.

2- Peler et enlever le germe de la gousse d'ail.

3- Faire cuire à la vapeur les cubes de pommes de terre, l'ail, l'aneth et le saumon pendant 20 minutes.

4- Mixer le tout avec le lait pour obtenir une purée onctueuse.

5- Répartir la purée dans des pots individuels fermés et les conserver au réfrigérateur ou au congélateur.

Truc en +

Quand vous donnez du saumon à votre bébé, utilisez toujours du saumon frais (ou surgelé), mais pas de saumon fumé, car il est trop salé. Préférez le saumon bio ou Label Rouge au saumon d'élevage. Pour l'aneth, vous pouvez remplacer les deux brins par une cuillère à café d'aneth surgelé.

Velouté d'endives au jambon

Temps de préparation : 15 mn

Temps de cuisson : 25 mn

Ingrédients (2 portions)
2 cs de riz rond
1/2 tranche de jambon blanc
10 g de beurre
1 pincée de muscade râpée

Préparation

1– Rincer puis émincer les endives, en enlevant le cœur qui est amer.

2– Verser de l'eau dans une casserole de taille moyenne et porter à ébullition.

3– Verser le riz et le laisser cuire à feu moyen pendant 10 minutes.

4– Ajouter ensuite les morceaux d'endives et le jambon, et poursuivre la cuisson pendant 15 minutes.

5– Mixer les endives, le riz et le jambon avec 20 cl de jus de cuisson pour obtenir un velouté. Ajouter le beurre au dernier moment, ainsi que la muscade.

6– Répartir le velouté dans des pots individuels fermés et les conserver au réfrigérateur.

Truc en +

Comme les endives sont assez amères, il faut bien enlever le cœur pour que votre bébé puisse apprécier ce velouté. Le riz apporte de l'onctuosité, mais vous pouvez aussi le remplacer par deux pommes de terre.

Purée "rouge" tomates-pommes de terre

Temps de préparation : 15 mn

Temps de cuisson : 20 mn

Ingrédients (2 portions)

4 pommes de terre
3 tomates
1 gousse d'ail
10 cl de lait
10 g de beurre

Préparation

1- Nettoyer et peler les pommes de terre, puis les couper en dés.

2- Peler et couper les tomates en deux. Enlever les pépins.

3- Peler et enlever le germe de la gousse d'ail.

4- Faire cuire les légumes à la vapeur pendant 20 minutes.

5- Quand les légumes sont cuits, les mixer avec le lait et plus ou moins 10 cl de jus de cuisson pour obtenir une purée moelleuse.

6- Ajouter le beurre puis répartir la purée dans des pots individuels fermés et les conserver au réfrigérateur.

Truc en +

Pour une purée encore plus colorée, vous pouvez utiliser des pommes de terre vitelottes, à la jolie couleur violette et à la saveur très douce.

Purée de sole aux petits légumes

Temps de préparation : 15 mn

Temps de cuisson : 20 mn

Ingrédients (2 portions)

1 courgette
1 fenouil
1 tomate
30 g de filet de sole
10 g de beurre

Préparation

1- Rincer sous l'eau puis enlever la première écorce du bulbe de fenouil. Le couper en lamelles épaisses.

2- Peler la courgette et la couper en cubes.

3- Peler et enlever les graines de la tomate.

4- Faire cuire les légumes à la vapeur pendant 20 minutes. Au bout de 10 minutes, ajouter le filet de sole.

5- Quand les légumes et la sole sont cuits, les mixer pour obtenir une purée totalement lisse, puis ajouter le beurre.

6- Répartir la purée dans des pots individuels fermés et les conserver au réfrigérateur ou au congélateur.

Truc en +

Cette recette est à réaliser l'été, quand les courgettes et les tomates sont gorgées de soleil. Si votre bébé aime les saveurs épicées, n'hésitez pas à y ajouter une pincée de paprika.

Purée de carottes et haricots verts à la truite

Temps de préparation : 15 mn

Temps de cuisson : 20 mn

Ingrédients (2 portions)
1 poignée de haricots verts surgelés, 2 carottes, 1 pomme de terre, 30 g de filet de truite de mer (sans la peau), 10 g de beurre.

Préparation

1- Rincer sous l'eau, peler et couper en rondelles les carottes et en dés la pomme de terre.

2- Faire cuire tous les légumes à la vapeur pendant 20 minutes, avec le filet de truite.

3- Quand les légumes et la truite sont cuits, les mixer pour obtenir une purée totalement lisse, puis ajouter le beurre.

4- Répartir la purée dans des pots individuels fermés et les conserver au réfrigérateur ou au congélateur.

Truc en +

La truite de mer est un poisson à la chair rosée, comme le saumon, mais beaucoup moins grasse. Faites attention quand vous achetez du poisson : vérifiez bien qu'il n'y ait pas d'arêtes avant de le mixer pour éviter que votre bébé ne se blesse.

SOS "cubes" : trio de poissons

Temps de préparation : 2 mn

Temps de cuisson : 15 mn

Ingrédients (6 à 8 portions)
4 morceaux de mélange de poisson surgelés,
1 cc de persil surgelé,
1 cc d'échalote surgelée

Préparation

1- Déposer les morceaux de poisson surgelés dans le panier de votre cuit-vapeur.

2- Saupoudrer le poisson de persil et d'échalote.

3- Faire cuire le tout pendant 15 minutes à la vapeur.

4- Hacher les morceaux de poisson dans un petit mixeur.

5- Répartir le haché de poisson dans les alvéoles d'un bac à glaçons, pour obtenir des portions de 10 grammes.

6- Envelopper le bac à glaçons de film alimentaire et le conserver au congélateur.

Truc en +

Vous trouverez des poches de « mélange de poisson » dans les grandes enseignes de produits surgelés. Ces produits sont parfaits pour les bébés, car ils sont garantis sans arêtes et les morceaux de poisson sont coupés en portions de 20 à 30 grammes. Il n'y a aucun risque de recongeler un produit décongelé tant qu'il a été cuit au préalable.

Compote de pommes à la fraise

Temps de préparation : 10 mn

Temps de cuisson : 15 mn

Ingrédients
(3 pots de 130 g)
2 belles pommes
125 g de fraises

Préparation

1- Rincer les fruits sous l'eau.

2- Eplucher les pommes, enlever le cœur et les couper en quartiers.

3- Enlever le pédoncule des fraises et les couper en deux.

4- Verser les fruits dans une casserole, avec deux cuillères à soupe d'eau, et faire compoter à feu moyen en mélangeant régulièrement pendant 15 minutes.

5- Mixer pour obtenir une compote bien lisse.

6- Répartir la compote dans des pots individuels fermés et les conserver au réfrigérateur ou au congélateur.

Truc en +

Les fraises étant un des fruits les plus allergisants, ne les introduisez pas trop tôt dans l'alimentation de votre bébé. Pour cette compote, utilisez les fraises de variété charlotte ou mara des bois, mais évitez les gariguettes qui sont plus acides et moins sucrées.

Compote duo de poires et framboises

Temps de préparation : 10 mn

Temps de cuisson : 10 mn

Ingrédients (3 pots de 130 g)

3 poires

125 g de framboises

Préparation

1– Rincer les fruits sous l'eau.

2– Eplucher les poires, enlever le cœur et les couper en quartiers.

3– Verser les poires dans une casserole avec une cuillère à soupe d'eau et les framboises dans une autre.

4– Faire compoter à feu moyen en mélangeant régulièrement pendant 15 minutes.

5– Mixer d'abord les poires pour obtenir une compote bien lisse et la répartir dans des pots individuels.

6– Mixer ensuite les framboises pour obtenir un coulis, le passer au tamis et l'ajouter sur les compotes de poires dans les pots.

7– Fermer les pots et les conserver au réfrigérateur ou au congélateur.

Truc en +

Il est indispensable de passer au tamis le coulis de framboises pour enlever les petits grains qui vont gêner votre bébé. Hors saison, n'hésitez pas à faire votre coulis avec des fruits surgelés.

Compote d'abricots biscuitée

Temps de préparation : 10 mn

Temps de cuisson : 15 mn

Ingrédients
(3 pots de 130 g)
12 abricots mûrs
3 boudoirs

Préparation

1- Rincer les fruits sous l'eau.

2- Couper les abricots en deux, enlever le noyau.

3- Verser les morceaux dans une casserole et faire compoter à feu moyen en mélangeant régulièrement pendant 10 minutes.

4- Couper les gâteaux en morceaux grossiers, les ajouter dans la compote et mélanger pour qu'ils absorbent le jus.

5- Mixer le tout pour obtenir une compote bien lisse.

6- Répartir la compote dans des pots individuels fermés et les conserver au réfrigérateur ou au congélateur.

Truc en +

Utilisez pour cette recette des boudoirs pour bébé. Ils sont allégés en sucre et leur texture bien sèche est parfaite pour absorber le jus des abricots.

6-9 mois

Compote "salade de fruits"

Temps de préparation : 15 mn

Temps de cuisson : 15 mn

Ingrédients
(3 pots de 130 g)
1 pomme, 1 poire, 1 banane,
125 g de fraises,
1 cc de jus de citron

Préparation

1- Rincer les fruits sous l'eau.

2- Eplucher la pomme et la poire, enlever le cœur et les couper en quartiers.

3- Enlever le pédoncule des fraises et les couper en deux.

4- Enlever la peau de la banane et la couper en rondelles épaisses.

5- Verser les fruits dans une casserole avec le jus de citron ; faire compoter à feu moyen en mélangeant régulièrement pendant 15 minutes.

6- Mixer pour obtenir une compote bien lisse.

7- Répartir la compote dans des pots individuels fermés et les conserver au réfrigérateur ou au congélateur.

Truc en +

Le jus de citron empêche les fruits de s'oxyder et donc de noircir. La compote gardera une jolie couleur après cuisson.

Compote de fruits rouges

Temps de préparation : 10 mn

Temps de cuisson : 15 mn

Ingrédients (3 portions)

1 pomme, 125 g de framboises, 125 g de myrtilles, 1 cs de céréales instantanées à la vanille

Préparation

1- Rincer les fruits sous l'eau.

2- Eplucher la pomme, enlever le cœur et la couper en quartiers.

3- Verser les fruits dans une casserole et mélanger. Faire compoter à feu moyen en mélangeant régulièrement pendant 15 minutes.

4- Mixer pour obtenir une compote bien lisse, en ajoutant les céréales à la vanille.

5- Répartir la compote dans des pots individuels fermés et les conserver au réfrigérateur ou au congélateur.

Truc en +

En hiver, n'hésitez pas à utiliser des framboises et des myrtilles surgelées pour réaliser cette compote.

Compote poires-cannelle

Temps de préparation : 10 mn

Temps de cuisson : 15 mn

Ingrédients
(3 pots de 130 g)
2 belles poires
1 bâton de cannelle

Préparation

1- Rincer les poires sous l'eau et les éplucher.

2- Enlever le cœur et les couper en petits morceaux.

3- Verser les morceaux dans une casserole, avec le bâton de cannelle, et faire compoter à feu moyen en mélangeant régulièrement pendant 10 minutes.

4- Enlever le bâton de cannelle puis mixer pour obtenir une compote bien lisse.

5- Répartir la compote dans des pots individuels fermés et les conserver au réfrigérateur ou au congélateur.

Truc en +

Si vous n'avez pas de bâton de cannelle, vous pouvez utiliser de la poudre. L'avantage du bâton est qu'il parfume subtilement la compote sans surdosage. Après la cuisson de la compote, vous pouvez le rincer et le sécher pour le réutiliser.

Crème de myrtilles

Temps de préparation : 15 mn

Temps de cuisson : 15 mn

Ingrédients (3 portions)

500 g de myrtilles
2 cs de crème de riz
1 cs de sucre
1/2 gousse de vanille

Préparation

1- Rincer les myrtilles sous l'eau.

2- Verser les myrtilles dans une casserole avec deux cuillères à soupe d'eau, le sucre et la gousse de vanille fendue, et faire compoter à feu moyen en mélangeant régulièrement pendant 10 minutes.

3- Saupoudrer avec la crème de riz, mélanger et laisser cuire à nouveau 5 minutes en remuant régulièrement.

4- Enlever la vanille et mixer pour obtenir une compote bien lisse.

5- Mettre la crème de myrtilles dans des pots individuels fermés et les conserver au réfrigérateur ou au congélateur.

Truc en +

Les myrtilles étant assez acides, n'hésitez pas à ajouter un peu de sucre dans la crème pour que votre bébé l'apprécie.

Crème de pommes au caramel

Temps de préparation : 15 mn

Temps de cuisson : 15 mn

Ingrédients (3 pots de 130 g)

3 pommes
2 cs de sucre
1 cs de crème épaisse

Préparation

1- Rincer les pommes et les éplucher.

2- Enlever le cœur et les couper en petits morceaux.

3- Verser le sucre dans une casserole et le faire fondre puis caraméliser à sec, sans ajouter d'eau. Quand le caramel est formé, ajouter les morceaux de pommes.

4- Faire cuire les morceaux de pommes dans le caramel pendant 10 minutes. Ajouter la crème et mélanger.

5- Mixer pour obtenir une crème bien lisse.

6- Mettre la crème dans des pots individuels fermés et les conserver au réfrigérateur ou au congélateur.

Truc en +

Cette recette peut être réalisée avec des poires ou des coings pour varier.

Crème de poires au chocolat

Temps de préparation : 15 mn

Temps de cuisson : 12 mn

Ingrédients
(3 pots de 130 g)
3 poires
3 carrés de chocolat à dessert
1 cs de crème épaisse

Préparation

1- Rincer les poires et les éplucher.

2- Enlever le cœur et les couper en petits morceaux.

3- Verser les poires dans une casserole et les faire compoter à feu moyen pendant 10 minutes.

4- Ajouter la crème et les carrés de chocolat, mélanger pour faire fondre le chocolat à feu doux pendant 2 minutes.

5- Mixer pour obtenir une crème bien lisse.

6- Mettre la crème dans des pots individuels fermés et les conserver au réfrigérateur ou au congélateur.

Truc en +

Il vaut mieux habituer votre bébé à manger du vrai chocolat noir, en petite quantité, plutôt que du chocolat au lait qui est plus sucré. Vous pouvez aussi remplacer les carrés de chocolat par deux cuillères à café de poudre de cacao non sucré.

Crème de riz à la vanille

Temps de préparation : 5 mn

Temps de cuisson : 8 mn

Ingrédients (5 portions)

1/2 litre de lait

50 g de crème de riz

2 cs de sucre

1/2 gousse de vanille

Préparation

1- Délayer la crème de riz avec le lait dans une casserole, à l'aide d'un fouet.

2- Ajouter le sucre et les graines de la gousse de vanille. Mélanger à nouveau.

3- Faire épaissir à feu moyen pendant 8 minutes en mélangeant régulièrement.

4- Mettre la crème dans des pots individuels fermés et les conserver au réfrigérateur ou au congélateur.

Truc en +

Plutôt que d'utiliser du sucre blanc qui n'a aucun intérêt nutritionnel, pensez à le remplacer par du sucre de canne blond, qui contient plus de nutriments, ou bien des sucres complets qui ont un goût plus intense. Comme ils sont plus parfumés, on en utilise moins dans les recettes. Ces sucres se trouvent principalement en épicerie bio.

Crème de riz à la griotte

Temps de préparation : 15 mn

Temps de cuisson : 15 mn

Ingrédients
(3 pots de 130 g)
600 g de griottes
2 cs de crème de riz
1 cs de sucre

Préparation

1- Rincer les griottes sous l'eau et les dénoyauter.

2- Verser les griottes dans une casserole avec deux cuillères à soupe d'eau et le sucre, et faire compoter à feu moyen en mélangeant régulièrement pendant 10 minutes.

3- Saupoudrer avec la crème de riz, mélanger et laisser cuire à nouveau 5 minutes en remuant régulièrement.

4- Mixer pour obtenir une compote bien lisse.

5- Mettre la crème de griottes dans des pots individuels fermés et les conserver au réfrigérateur ou au congélateur.

Truc en +

Vous pouvez utiliser pour cette recette des griottes surgelées, déjà dénoyautées. Il faudra n'en utiliser que 500 grammes et augmenter le temps de cuisson de 5 minutes. Vous pouvez aussi parfumer cette crème avec quelques graines de fenouil à ajouter dès le début de la cuisson.

Crème de riz au chocolat

Temps de préparation : 5 mn

Temps de cuisson : 8 mn

Ingrédients (5 portions)
1/2 litre de lait
50 g de crème de riz
2 cs de sucre
1,5 cs de cacao en poudre non sucré

Préparation

1- Délayer la crème de riz et le cacao avec le lait dans une casserole, à l'aide d'un fouet.

2- Ajouter le sucre, mélanger à nouveau.

3- Faire épaissir à feu moyen pendant 8 minutes en mélangeant régulièrement.

4- Mettre la crème dans des pots individuels fermés et les conserver au réfrigérateur ou au congélateur.

Truc en +

Pour donner une saveur différente à la crème, faire infuser dans le lait froid, pendant 6 heures au réfrigérateur, une dizaine de feuilles de menthe lavées et séchées. Elles parfumeront agréablement les crèmes.

Lait à la fraise

Temps de préparation : 5 mn

Temps de cuisson : 5 mn

Ingrédients (1 portion)
90 ml de lait
5 fraises

Préparation

1- Rincer et sécher les fraises. Enlever le pédoncule à l'aide de la pointe d'un couteau et les couper en deux.

2- Faire cuire les morceaux de fraises dans une petite casserole, à feu moyen, pendant 5 minutes.

3- Mixer les fraises longuement pour obtenir un coulis. Ajouter le lait dans le mixeur puis mixer à nouveau.

4- Verser dans un biberon et servir à votre bébé.

Truc en +

A 6 mois, votre bébé est trop petit pour manger des fruits crus, c'est pour cela qu'il faut faire cuire les fraises avant de les mixer avec le lait. Mais vers 9 mois, vous pouvez supprimer la cuisson et mixer les fraises avec le lait. Préparez cette recette au dernier moment, elle ne se conserve pas : les fraises étant plus ou moins acides, elles peuvent faire tourner le lait.

Lait à la menthe

Ingrédients
(1 portion)
90 ml de lait
10 feuilles de menthe

Temps de préparation : 5 mn

Temps de cuisson : 0 mn

Préparation

1- Rincer et sécher les feuilles de menthe.

2- Mixer les feuilles de menthe et le lait puis passer le tout au tamis pour enlever les morceaux de menthe.

3- Verser dans un biberon et servir à votre bébé.

Truc en +

Contrairement à la recette précédente, celle-ci peut être préparée à l'avance et conservée quelques heures au réfrigérateur. Vous pouvez y ajouter des céréales instantanées nature ou au chocolat pour un dessert ou pour une collation plus complète.

Mon premier milk-shake

Temps de préparation : 5 mn

Temps de cuisson : 0 mn

Ingrédients
(1 portion)
70 ml de lait
1/2 banane bien mûre
1/2 gousse de vanille

Préparation

1- Peler et couper en rondelles la banane.

2- Fendre la gousse de vanille et récupérer les graines avec la pointe d'un couteau.

3- Dans un blender, mixer les rondelles de banane avec la vanille et le lait.

4- Verser dans un biberon et servir à votre bébé.

Truc en +

Plus les bananes sont mûres, plus l'amidon qu'elles contiennent se transforme en sucre et plus elles sont digestes pour votre bébé. Pour les reconnaître, c'est facile, elles sont jaunes avec de grosses taches noires, contrairement aux bananes non mûres qui sont vertes.

9-12 mois

Votre bébé a découvert les mois précédents plein de saveurs et de couleurs différentes dans les plats que vous lui avez préparés. Il montre certainement une préférence envers certains aliments, mais n'écartez pas ceux qu'il boude. Il faut parfois présenter un fruit ou un légume 4 à 5 fois à votre bébé pour qu'il l'apprécie. Pensez à mélanger les légumes entre eux pour faire passer ceux qu'il aime moins.

Côté textures, essayez de moins mixer les purées, ou de les épaissir pour les faire évoluer un peu, pour faire découvrir d'autres sensations en bouche à votre bébé. Vous pouvez aussi commencer à lui faire goûter certains fruits crus, sous forme de smoothies ou de fruits écrasés, pour ne pas l'habituer à les consommer toujours cuits.

A partir de 9 mois, vous allez pouvoir ajouter des céréales dans les purées de votre bébé, pour lui donner l'énergie dont il a besoin, sous forme de semoule fine, de quinoa et de petites pâtes. Veillez à bien les cuire pour qu'elles soient plus digestes et faciles à manger.

Côté viandes et poissons, vous pouvez continuer à lui faire découvrir de nouveaux goûts avec, par exemple, de l'agneau et du lapin, ou bien du maquereau qui est un poisson plein de bons acides gras. N'hésitez pas, de temps en temps, à remplacer la viande par de l'œuf. Commencez d'abord par du jaune d'œuf, puis ajoutez le blanc. Côté proportions, vous pouvez les augmenter en passant à 20 g de viande ou de poisson, une fois par jour, avec le plat de légumes.

Côté desserts, vous avez sûrement fait découvrir les crèmes desserts à base de farine de riz les mois précédents. A présent, n'hésitez pas à lui faire goûter aussi les entremets maison, comme la semoule, le tapioca ou le riz au lait. Vous allez voir que ces desserts sont réalisables en quelques minutes et qu'ils coûtent beaucoup moins cher que leurs équivalents industriels. Et puis vous savez ce que vous mettez dedans et vous pouvez varier les parfums.

Comme pour les mois précédents, quand dans les recettes suivantes vous voyez « lait » comme ingrédient, utilisez celui que vous donnez habituellement à boire à votre bébé.

"Cubes" d'agneau fondant

Temps de préparation : 15 mn

Temps de cuisson : 8 mn

Ingrédients (5 portions de 20 g)

1 tranche épaisse de gigot d'agneau

1 pincée de graines de cumin

Préparation

1- Verser de l'eau dans une petite casserole et la porter à ébullition.

2- Pendant ce temps, désosser la tranche de gigot, enlever les morceaux de gras.

3- Ajouter le morceau de gigot et le cumin dans la casserole. Baisser le feu et laisser cuire à feu doux pendant 8 minutes.

4- Récupérer le morceau de gigot, le couper en gros morceaux et le hacher dans un petit mixeur.

5- Répartir la viande hachée dans les alvéoles d'un bac à glaçons pour obtenir des portions de 20 grammes.

6- Envelopper le bac à glaçons de film alimentaire et le conserver au congélateur.

Truc en +

L'agneau est beaucoup plus tendre et doux que le mouton. Evitez les morceaux trop gras comme le collier. Optez pour une tranche de gigot, qui sera plus digeste pour votre bébé.

"Cubes" de lapin

Temps de préparation : 15 mn

Temps de cuisson : 6 mn

Ingrédients
(6 à 8 portions de 20 g)
2 escalopes de lapin
10 g de beurre

Préparation

1- Faire chauffer une poêle à feu moyen et y faire fondre le beurre.

2- Poêler les filets de lapin et les laisser cuire à feu doux 3 minutes par face. La cuisson est très rapide, car les escalopes de lapin sont très fines.

3- Récupérer les escalopes, les couper en gros morceaux et les hacher dans un petit mixeur.

4- Répartir la viande hachée dans les alvéoles d'un bac à glaçons pour obtenir des portions de 20 grammes.

5- Envelopper le bac à glaçons de film alimentaire et le conserver au congélateur.

Truc en +

Vous trouverez des escalopes de lapin au rayon des volailles conditionnées en barquettes en grande surface. Le lapin est une viande très maigre, très digeste, au goût peu prononcé qui est apprécié des bébés. L'avantage des escalopes est qu'elles cuisent très rapidement. Attention cependant à ne pas les cuire à feu trop vif, elles peuvent vite devenir sèches.

"Cubes" de maquereau au four

Temps de préparation : 15 mn

Temps de cuisson : 8 mn

Ingrédients
(5 portions de 20 g)
1 maquereau frais, entier,
1/2 citron, 1 branche de thym,
1/2 échalote,
1 filet d'huile d'olive

Préparation

1- Demander à votre poissonnier de vous lever les filets d'un beau maquereau et de lui enlever la peau. Préchauffer le four à 160°.

2- Peler et hacher finement l'échalote et couper en rondelles le citron.

3- Placer les rondelles de citron dans un plat qui passe au four, puis, par dessus, déposer les filets de maquereau. Ajouter l'échalote hachée et la branche de thym.

4- Ajouter un filet d'huile d'olive et enfourner pour 15 minutes de cuisson à 160°. Quand les filets de maquereau sont cuits, les récupérer avec l'échalote hachée et mixer le tout dans un petit mixeur.

5- Répartir le maquereau haché dans les alvéoles d'un bac à glaçons pour obtenir des portions de 20 grammes.

6- Envelopper le bac à glaçons de film alimentaire et le conserver au congélateur.

Truc en +

Le maquereau est l'un des poissons les plus accessibles. Il est riche en bons acides gras et même si son goût est plus relevé que les poissons blancs, il est en général très apprécié des enfants.

"Cubes" de plie (carrelet)

Temps de préparation : 15 mn

Temps de cuisson : 5 mn

Ingrédients
(3 portions de 20 g)
1 beau filet de plie
1/2 citron
1 filet d'huile d'olive

Préparation

1- Dans le panier du cuit-vapeur, déposer le filet de plie.

2- L'arroser de jus de citron et d'un filet d'huile d'olive.

3- Faire cuire le filet de plie pendant 5 minutes à la vapeur. La cuisson est rapide car c'est un poisson peu épais.

4- Quand le filet est cuit, le couper en morceaux puis le hacher dans un petit mixeur.

5- Répartir le poisson haché dans les alvéoles d'un bac à glaçons, pour obtenir des portions de 20 grammes.

6- Envelopper le bac à glaçons de film alimentaire et le conserver au congélateur.

Truc en +

La plie, que l'on appelle aussi carrelet, est un poisson plat qui vit dans la mer. C'est un poisson blanc, au goût assez neutre qui plaît beaucoup aux enfants car les arêtes sont faciles à enlever et qu'il a une chair moelleuse, agréable à manger. Ce poisson est souvent vendu entier en poissonnerie, n'hésitez pas à demander qu'on vous lève les filets, c'est plus facile à cuisiner.

"Cubes" de julienne

Temps de préparation : 15 mn

Temps de cuisson : 8 mn

Ingrédients
(3 portions de 20 g)
1 morceau d'environ 100 g
de filet de julienne
1 pincée de curry
1 cc de crème liquide

Préparation

1- Dans le panier du cuit-vapeur, déposer le filet de julienne.

2- Faire cuire le filet de julienne pendant 8 minutes à la vapeur. Adapter la cuisson de plus ou moins 2 minutes selon l'épaisseur du filet.

3- Quand le filet est cuit, le couper en morceaux puis le hacher avec la crème et le curry dans un petit mixeur.

4- Répartir le poisson haché dans les alvéoles d'un bac à glaçons, pour obtenir des portions de 20 grammes.

5- Envelopper le bac à glaçons de film alimentaire et le conserver au congélateur.

Truc en +

Le filet de julienne se trouve très facilement en poissonnerie. Il est dépourvu d'arêtes, ce qui est parfait pour les bébés. Comme pour tous les poissons, faites attention à ne pas trop le cuire : cela évite qu'il se dessèche. C'est pour cela que la cuisson à la vapeur lui convient mieux.

"Cubes" d'oeuf mimosa

Temps de préparation : 2 mn

Temps de cuisson : 10 mn

Ingrédients
(2 portions)
1 œuf petit ou moyen
1 cs de vinaigre blanc

Préparation

1- Faire bouillir une petite casserole d'eau avec le vinaigre.

2- Ajouter l'œuf dans sa coquille et le faire cuire pendant 10 minutes.

3- Quand l'œuf est cuit, le récupérer avec une cuillère à soupe, lui enlever sa coquille et le couper en 4 morceaux.

4- Passer l'œuf dans une petite moulinette à fromage pour obtenir des miettes d'œuf, sinon le mixer brièvement pour obtenir de tout petits morceaux.

5- Répartir l'œuf haché dans deux pots individuels fermés à conserver au réfrigérateur et à consommer dans les deux jours qui suivent.

Truc en +

Pour s'y retrouver dans les œufs que l'on achète, il y a toujours un numéro sur la coquille. S'il commence par 0, ce sont des œufs bios, par 1 les poules sont élevées en plein air, par 2 elles sont élevées au sol, par 3 elles sont élevées en cage. La composition nutritionnelle des œufs sera toujours la même selon que leur numéro est 0, 1, 2 ou 3, mais pour bébé le mieux est d'acheter les premiers ou les deuxièmes. Et attention aux mentions pompeuses du style « œufs fermiers » sur un marché, cela ne veut rien dire, ils peuvent venir d'une ferme qui a ses poules en cage.

"Cubes" de semoule fine

Temps de préparation : 5 mn

Temps de cuisson : 5 mn

Ingrédients
(3 à 4 portions)

25 cl d'eau
3 cs de semoule fine
10 g de beurre

Préparation

1- Faire chauffer l'eau dans une casserole.

2- Verser la semoule en pluie dans la casserole et mélanger constamment pendant la cuisson.

3- La semoule va gonfler et absorber l'eau. Quand la semoule est cuite, ajouter le beurre et mélanger.

4- Répartir la semoule dans les alvéoles d'un bac à glaçons pour obtenir des portions de 20 grammes.

5- Envelopper le bac à glaçons de film alimentaire et le conserver au congélateur.

Truc en +

Vous pouvez ajouter les cubes de semoule à une purée de légumes, pour lui donner plus de consistance – pour les repas du soir de bébé –, ou bien, après décongélation, mélanger un cube à un yaourt nature avec un peu de sucre vanillé pour une semoule à la vanille préparée en quelques minutes.

"Cubes" de polenta moelleuse

Temps de préparation : 5 mn

Temps de cuisson : 5 mn

Ingrédients (3 à 4 portions)
25 cl de lait
1 feuille de laurier
3 cs de polenta instantanée
10 g de beurre

Préparation

1- Faire chauffer le lait avec la feuille de laurier dans une casserole. Quand le lait est chaud, enlever la feuille de laurier.

2- Verser la polenta en pluie dans la casserole et mélanger constamment pendant la cuisson.

3- La polenta va gonfler et absorber le lait. Quand elle est cuite, ajouter le beurre et mélanger.

4- Répartir la polenta dans les alvéoles d'un bac à glaçons pour obtenir des portions de 20 grammes.

5- Envelopper le bac à glaçons de film alimentaire et le conserver au congélateur.

Truc en +

Plutôt que de congeler la polenta en portions, pensez aussi à la mélanger quand elle est juste cuite et moelleuse avec une purée d'épinards ou de haricots verts. Elle adoucit les légumes que les bébés apprécient moins et leur donne une texture agréable à manger.
Si en cuisant elle devient trop épaisse, n'hésitez pas à ajouter un peu d'eau car, selon les marques, les polentas ont plus ou moins besoin d'eau pour gonfler.

Velouté d'asperges et quinoa

Temps de préparation : 15 mn

Temps de cuisson : 20 mn

Ingrédients (2 portions)
1 courgette moyenne
4 asperges vertes
1 pomme de terre
4 cs de quinoa cuit
5 g de beurre

Préparation

1- Nettoyer les légumes, les peler (y compris les asperges) et les couper en morceaux.

2- Faire cuire les légumes dans une casserole d'eau bouillante pendant 20 minutes.

3- Récupérer les légumes et les passer au mixeur pour les réduire en purée ; ajouter plus ou moins de jus de cuisson pour obtenir un velouté, ainsi que le morceau de beurre.

4- Répartir le velouté dans des pots individuels fermés et les conserver au réfrigérateur ou au congélateur. Au dernier moment, ajouter le quinoa cuit sur le velouté pour faire goûter à bébé les différentes textures non mélangées.

Truc en +

Le quinoa est une petite graine très digeste et très facile à faire cuire. Avant cuisson, rincez le quinoa dans une petite passoire puis versez-le dans une casserole avec deux fois son volume d'eau (un verre de quinoa pour deux verres d'eau par exemple). Portez la casserole à ébullition puis baissez le feu et laissez cuire pendant 10 minutes. Arrêtez alors le feu ; vous n'avez plus qu'à laisser gonfler le quinoa hors du feu pendant 5 minutes avant de servir.

Polenta aux courgettes

Temps de préparation : 10 mn

Temps de cuisson : 10 mn

Ingrédients (2 portions)
2 courgettes
2 cs de polenta
3 feuilles de basilic
1 filet d'huile d'olive

Préparation

1- Rincer, peler et couper en rondelles les courgettes.

2- Faire cuire les courgettes à la vapeur pendant 10 minutes.

3- Pendant ce temps, faire chauffer 20 cl d'eau dans une casserole. Quand l'eau est chaude, verser la polenta en pluie dans la casserole et mélanger constamment pendant la cuisson. La polenta va gonfler et absorber l'eau.

4- Quand la polenta est cuite, la verser dans le bol du robot avec les feuilles de basilic, l'huile d'olive et les rondelles de courgettes. Mixer longuement pour obtenir une purée onctueuse.

5- Répartir la purée dans des pots individuels fermés et les conserver au réfrigérateur ou au congélateur.

Truc en +

La courgette étant très aqueuse, la polenta aide à avoir une purée plus onctueuse et épaisse pour la faire manger plus facilement à bébé.

Fine semoule à la carotte

Temps de préparation : 10 mn

Temps de cuisson : 20 mn

Ingrédients (2 portions)

3 carottes
2 cs de semoule fine
20 cl de lait
1 pincée de cumin
10 g de beurre

Préparation

1- Rincer, peler et couper en rondelles les carottes.

2- Verser les carottes dans une casserole, ajouter le lait et rajouter si besoin un peu d'eau pour les couvrir à hauteur ; faire cuire à feu moyen pendant 20 minutes.

3- Au bout de 15 minutes de cuisson, ajouter la semoule en pluie dans la casserole et mélanger régulièrement pendant les 5 dernières minutes de cuisson.

4- Quand les carottes sont cuites, verser le contenu de la casserole dans le bol du robot avec le beurre et le cumin. Mixer longuement pour obtenir une purée onctueuse.

5- Répartir la purée dans des pots individuels fermés et les conserver au réfrigérateur ou au congélateur.

Truc en +

Cette recette est parfaite pour le dîner de votre bébé, car elle contient des légumes, des féculents avec la semoule et du lait. En été, vous pouvez aussi y ajouter un peu de chair de tomate pour lui donner un parfum différent.

Petites pâtes à la bolognaise

Temps de préparation : 20 mn

Temps de cuisson : 20 mn

Ingrédients (1 portion)

1 carotte, 1/4 de branche de céleri, 1 tomate cœur de bœuf, 1 cs de vermicelles, 20 g de filet de bœuf, huile d'olive, 1 branche de thym

Préparation

1- Rincer les légumes sous l'eau. Peler la carotte, la couper en rondelles, puis émincer le céleri en tronçons. Peler la tomate, enlever ses pépins et la couper en quartiers.

2- Faire chauffer un filet d'huile d'olive dans une casserole antiadhésive. Y faire revenir le morceau de bœuf avec les morceaux de carottes et de céleri pendant 5 minutes, en mélangeant souvent.

3- Ajouter les quartiers de tomate, mouiller avec 30 cl d'eau, ajouter le thym et les vermicelles et baisser le feu. Poursuivre la cuisson à feu doux pendant 15 minutes.

4- Quand les légumes sont cuits, enlever le thym et verser le contenu de la casserole dans le bol du robot. Mixer longuement pour obtenir une purée onctueuse.

5- Mettre la purée dans un pot individuel fermé et la conserver au réfrigérateur ou au congélateur.

Truc en +

Si votre bébé accepte très facilement les morceaux dans sa purée, vous pouvez faire cuire les vermicelles à part, puis les ajouter au mélange purée de légumes et viande.

Purée de céleri à la pomme

Temps de préparation : 10 mn

Temps de cuisson : 20 mn

Ingrédients (4 portions)
1/2 boule de céleri
1 pomme
20 g de beurre

Préparation

1- Nettoyer et peler la pomme, enlever le cœur. La couper en quartiers.

2- Nettoyer et peler le céleri, le couper en morceaux.

3- Faire cuire les morceaux de céleri et de pomme à la vapeur pendant 20 minutes.

4- Quand les morceaux sont cuits, les mixer avec plus ou moins 10 cl de jus de cuisson, pour obtenir une purée onctueuse. Ajouter le beurre et mélanger.

5- Répartir la purée dans des pots individuels fermés et les conserver au réfrigérateur ou au congélateur.

Truc en +

Le céleri est un légume particulier qui ne plaît pas toujours aux bébés. Ajouter une pomme apporte de la douceur à cette purée qui sera bien plus appréciée. En effet, tous les enfants aiment le goût de la pomme cuite qu'ils ont l'habitude de manger sous forme de compote.

Douceur de pâtisson et pommes de terre

Ingrédients (4 portions)
1 pâtisson moyen
2 pommes de terre
1 pincée de muscade râpée
10 cl de lait
1 cs d'huile

Temps de préparation : 10 mn

Temps de cuisson : 15 mn

Préparation

1- Rincer les légumes sous l'eau.

2- Peler et couper en cubes les pommes de terre.

3- A l'aide d'un économe, peler le pâtisson et le couper en gros cubes.

4- Faire cuire les légumes à la vapeur pendant 15 minutes.

5- Quand les légumes sont cuits, commencer par mixer le pâtisson. Ajouter ensuite les pommes de terre, puis le lait et si besoin un peu de jus de cuisson jusqu'à obtenir une purée onctueuse. Ajouter l'huile et la muscade et mélanger.

6- Répartir la purée dans des pots individuels fermés et les conserver au réfrigérateur.

Truc en +

Le pâtisson est un légume d'automne, de la famille des courges. De forme aplatie et ronde, plus ou moins volumineux, il peut avoir plusieurs couleurs, allant du blanc au vert en passant par l'orange. Son goût, comme celui du topinambour, se rapproche de l'artichaut mais il est plus facile à cuisiner.

Purée violette de vitelottes

Temps de préparation : 10 mn

Temps de cuisson : 15 mn

Ingrédients (3 portions)
400 g de pommes de terre vitelottes, 1 petite betterave ronde cuite, 1 pincée de muscade râpée, 10 cl de lait, 1 cs d'huile de noix

Préparation

1- Rincer les légumes sous l'eau.

2- Peler et couper en cubes les pommes de terre et la betterave.

3- Faire cuire les légumes dans une casserole d'eau bouillante pendant 15 minutes.

4- Quand les légumes sont cuits, les mixer avec le lait jusqu'à obtenir une purée onctueuse. Ajouter l'huile de noix et la muscade puis mélanger.

5- Répartir la purée dans des pots individuels fermés et les conserver au réfrigérateur.

Truc en +

La pomme de terre vitelotte est une pomme de terre de variété ancienne, à la jolie couleur violette. Elle est idéale pour les purées car elle leur apporte beaucoup d'onctuosité. Cuite avec de la betterave, la purée sera très colorée pour bébé !

Couscous des bébés

Temps de préparation : 25 mn

Temps de cuisson : 25 mn

Ingrédients (5 portions)
2 courgettes, 2 patates douces, 2 carottes, 1 échalote, 1 tomate, 100 g de blanc de poulet, 1 verre de semoule, 25 g de beurre, 1 cc d'épices

Préparation

1- Rincer les légumes, les peler (y compris la tomate) et les couper en morceaux.

2- Les déposer dans un panier vapeur, ajouter le poulet coupé en morceaux, saupoudrer avec les épices et faire cuire le tout pendant 20 minutes.

3- Mixer les légumes cuits avec plus ou moins de jus de cuisson et le beurre pour obtenir une purée plus ou moins lisse selon que votre bébé accepte ou non les morceaux. Répartir les purées dans des pots individuels fermés.

4- Faire cuire la semoule dans un verre de jus de cuisson des légumes jusqu'à ce qu'elle soit moelleuse (environ 4 minutes selon les marques). Répartir la semoule sur la purée de légumes.

5- Mixer le poulet avec un peu de jus de cuisson et répartir une portion de poulet sur les légumes et la semoule.

Truc en +

N'hésitez pas à multiplier par deux les proportions et à congeler les pots pour avoir un petit stock dans le congélateur, le couscous se conserve très bien.

Purée carottes, tomate et poivron rouge

Temps de préparation : 10 mn

Temps de cuisson : 25 mn

Ingrédients (2 portions)
3 carottes
1 poivron rouge
1 tomate
1 portion de fromage frais pour enfant

Préparation

1- Rincer les légumes et les peler (y compris la tomate). Couper la tomate en deux, enlever les graines puis la couper en quartiers.

2- Couper les carottes en rondelles et le poivron en lamelles et faire cuire le tout à la vapeur pendant 25 minutes.

3- Récupérer les légumes, les mixer avec le fromage frais et un peu de jus de cuisson.

4- Répartir la purée dans des pots individuels fermés et les conserver au réfrigérateur.

Truc en +

Le fromage frais apporte beaucoup d'onctuosité à la purée et l'adoucit. Optez pour des fromages frais peu salés, ils remplacent de temps en temps le beurre ou l'huile ajouté(e) dans le repas de votre bébé.

Purée de petits pois au jambon

Temps de préparation : 5 mn

Temps de cuisson : 20 mn

Ingrédients (2 portions)

400 g de petits pois surgelés
2 feuilles de salade
1 oignon
1 tranche de jambon blanc
1 cs d'huile

Préparation

1- Faire fondre le beurre dans une casserole.

2- Peler et hacher l'oignon, l'ajouter dans la casserole et le faire légèrement colorer à feu moyen en mélangeant.

3- Ajouter les petits pois, la salade, la tranche de jambon coupée en lamelles et 30 cl d'eau.

4- Laisser cuire à feu moyen pendant 20 minutes.

5- Quand les petits pois sont cuits, les mixer avec plus ou moins de jus de cuisson pour obtenir une purée onctueuse.

6- Répartir la purée dans des pots individuels fermés et les conserver au réfrigérateur ou au congélateur.

Truc en +

Vous pouvez aussi ajouter un peu de crème pour une purée encore plus onctueuse.

Courgettes et saumon à la vanille

Temps de préparation : 10 mn

Temps de cuisson : 20 mn

Ingrédients (2 portions)
1/2 petit pavé de saumon (50 g)
2 pommes de terre moyennes
1 courgette
1/2 gousse de vanille
10 g de beurre

Préparation

1- Rincer les légumes sous l'eau. Peler les pommes de terre et les couper en rondelles, ainsi que les courgettes.

2- Déposer les légumes dans le bac de votre cuit-vapeur, puis ajouter le saumon.

3- Fendre la vanille en deux, ouvrir la gousse et récupérer les graines avec la pointe d'un couteau. Les déposer sur le pavé de saumon.

4- Faire cuire le tout à la vapeur pendant 20 minutes.

5- Quand les légumes et le poisson sont cuits, mixer d'abord les courgettes et le saumon, puis ajouter les morceaux de pommes de terre et le beurre.

6- Vous pouvez ajouter plus ou moins de jus de cuisson pour obtenir une purée onctueuse.

7- Répartir la purée dans des pots individuels fermés et les conserver au réfrigérateur ou au congélateur.

Truc en +

Essayez si possible de conserver la peau des courgettes pour préparer la purée, car c'est la peau des légumes qui contient le plus de vitamines.

Petites pâtes aux légumes du soleil

Temps de préparation : 10 mn

Temps de cuisson : 20 mn

Ingrédients (2 portions)
1 courgette, 1 fenouil
1 tomate
2 cs de pâtes étoiles
4 feuilles de basilic
1 cs d'huile d'olive

Préparation

1– Remplir une petite casserole d'eau et la porter à ébullition. Y faire cuire les pâtes étoiles pendant 8 minutes pour qu'elles soient bien fondantes.

2– Pendant ce temps, rincer tous les légumes. Enlever les extrémités de la courgette, puis la couper en dés.

3– Emincer finement le fenouil au couteau, en enlevant la première enveloppe un peu trop épaisse.

4– Peler et enlever les pépins de la tomate, la couper en dés.

5– Faire chauffer l'huile d'olive dans une sauteuse. Y faire revenir tous les morceaux de légumes à feu moyen, baisser le feu et couvrir. Mélanger régulièrement et laisser cuire pendant 12 minutes.

6– Quand les légumes sont cuits, les mixer avec le basilic. Ajouter si besoin un peu d'eau, puis mélanger avec les pâtes cuites.

7– Répartir la purée dans des pots individuels fermés et les conserver au réfrigérateur ou au congélateur.

Truc en +

Les légumes cuits à la poêle ont une saveur différente de ceux cuits à l'eau ou à la vapeur. Si votre bébé n'accepte pas les morceaux, vous pouvez mixer la purée après y avoir ajouté les pâtes.

Tapioca aux légumes

Temps de préparation : 10 mn

Temps de cuisson : 30 mn

Ingrédients (4 portions)
1/2 petit chou-fleur, 1/2 pied de brocoli, 2 cs de perles de tapioca, 1 portion de fromage frais pour enfant, noix de muscade

Préparation

1- Rincer les légumes, couper le chou-fleur et le brocoli en fleurettes (sans conserver le pied qui est plus difficile à digérer).

2- Blanchir les légumes dans une grande casserole d'eau, pendant 4 minutes, puis les égoutter et les rafraîchir à l'eau froide.

3- Déposer les fleurettes de chou-fleur et de brocoli dans la casserole vide. Mouiller à hauteur d'eau et porter à ébullition.

4- Ajouter le tapioca en pluie et laisser cuire le tout pendant 15 minutes.

5- Quand les légumes sont cuits, les récupérer et les mixer sous forme de purée très fine avec le fromage frais. Ajouter une pincée de noix de muscade râpée.

6- Verser la purée dans la casserole, qui contient l'eau de cuisson et le tapioca cuit et mélanger pour obtenir une soupe.

7- Répartir la soupe dans des pots individuels fermés et les conserver au réfrigérateur ou au congélateur.

Truc en +

Le tapioca est issu de la racine de manioc, transformée en fécule. On trouve la fécule sous forme de poudre, mais aussi sous forme de perles (perles du Japon).

Soupe de carottes jaunes au cumin

Temps de préparation : 10 mn

Temps de cuisson : 10 mn

Ingrédients (3 portions)
6 carottes jaunes
1 orange
1/2 cc de cumin
1 cs d'huile d'olive

Préparation

1- Rincer et peler les carottes. A l'aide d'une râpe ou d'un robot, les râper au-dessus d'une casserole.

2- Couvrir les carottes d'eau à hauteur, ajouter le cumin et porter à ébullition. Laisser cuire le tout pendant 10 minutes.

3- Pendant la cuisson, presser l'orange au-dessus d'un bol puis enlever les pépins.

4- Quand les carottes sont cuites, les mixer avec le jus de l'orange et le jus de cuisson jusqu'à obtenir une soupe assez liquide.

5- Ajouter l'huile d'olive, mélanger à nouveau.

6- Répartir la soupe dans des pots individuels fermés et les conserver au réfrigérateur jusqu'au moment de les servir.

Truc en +

Cette recette, très colorée et vitaminée, est parfaite en été car elle se mange froide et permet à votre bébé de se réhydrater quand il fait chaud. Vous pouvez aussi y ajouter quelques feuilles de coriandre ou de basilic frais pour encore plus de saveurs.

Douceur de courgettes au curry

Temps de préparation : 10 mn

Temps de cuisson : 10 mn

Ingrédients (2 portions)
2 courgettes, 3 cs de lait de coco, 1 petite échalote, 1 filet d'huile d'olive, 1/2 cc de curry en poudre

Préparation

1- Rincer et couper les courgettes en petits dés.

2- Peler et hacher l'échalote.

3- Faire chauffer une sauteuse avec un filet d'huile d'olive. Y faire revenir l'échalote hachée pendant 2 minutes.

4- Ajouter les dés de courgettes et les faire cuire pendant 7 minutes, en mélangeant régulièrement.

5- Les saupoudrer de curry, ajouter le lait de coco, mélanger et poursuivre la cuisson pendant 1 minute.

6- Mixer le tout pour obtenir une purée onctueuse.

7- Répartir la purée dans des pots individuels fermés et les conserver au réfrigérateur jusqu'au moment de les servir.

Truc en +

Cette purée toute douce de courgettes est très parfumée. Vous pouvez la servir froide à votre bébé, ce qui est très pratique quand vous n'êtes pas chez vous.

Purée de pois gourmands à la tomate

Temps de préparation : 10 mn

Temps de cuisson : 15 mn

Ingrédients (2 portions)

2 pommes de terre moyennes
100 g de pois gourmands
1 tomate cœur de bœuf

Préparation

1- Rincer les légumes sous l'eau.

2- Peler et couper les pommes de terre en cubes, puis peler et enlever les pépins de la tomate. La couper en quartiers.

3- Déposer tous les légumes dans le panier d'un cuit-vapeur.

4- Faire cuire le tout pendant 15 minutes à la vapeur.

5- Quand les légumes sont cuits, les mixer pour obtenir une purée onctueuse.

6- Répartir la purée dans des pots individuels fermés et les conserver au réfrigérateur jusqu'au moment de les servir.

Truc en +

Les pois gourmands ne se trouvent pas facilement, il n'y en a pas toujours en grande surface. Cependant, c'est un ingrédient qui est souvent utilisé dans les woks de légumes, donc vous pourrez vous en procurer dans une épicerie asiatique.

Purée de légumes racines

Temps de préparation : 20 mn

Temps de cuisson : 20 mn

Ingrédients (2 portions)
2 panais
1/2 navet long
6 topinambours
1 gousse d'ail
10 g de beurre

Préparation

1- Rincer les légumes sous l'eau.

2- Peler les panais, les topinambours et le navet. Couper tous les légumes en rondelles.

3- Peler la gousse d'ail, la conserver entière.

4- Déposer tous les légumes dans le panier d'un cuit-vapeur.

5- Faire cuire le tout pendant 20 minutes à la vapeur.

6- Quand les légumes sont cuits, les mixer pour obtenir une purée onctueuse puis ajouter le beurre.

7- Répartir la purée dans des pots individuels fermés et les conserver au réfrigérateur jusqu'au moment de les servir.

Truc en +

Les panais, topinambours et navets longs (ou daikon) sont des légumes de variétés anciennes, qui poussent dans la terre, c'est pour cela qu'on les appelle « légumes racines », tout comme les salsifis, les carottes, les choux-raves, etc. Ce sont des légumes d'hiver, qui n'ont pas toujours une belle apparence, mais qui sont délicieux et qui permettent de varier les repas de votre bébé.

Semoule fine au lait

Temps de préparation : 5 mn

Temps de cuisson : 10 mn

Ingrédients (4 portions)
1/2 litre de lait
4 cc de sucre
5 cs de semoule fine
1/2 gousse de vanille

Préparation

1- Fendre la gousse de vanille dans la longueur et récupérer les grains de vanille avec la pointe d'un couteau.

2- Verser le lait dans une casserole, ajouter les graines de vanille et faire chauffer le lait à feu moyen.

3- Quand le lait est chaud, ajouter dedans la semoule. Mélanger constamment, avec une cuillère en bois, pendant une dizaine de minutes, le temps que la semoule épaississe.

4- Répartir les semoules au lait dans des pots individuels fermés et les conserver au réfrigérateur.

Truc en +

Si vous donnez à votre bébé du lait de suite en poudre reconstitué, vous pouvez utiliser le même pour cette recette. Sinon, pensez à en acheter en bouteille, c'est plus pratique pour les desserts de bébé. Dès 12 mois, vous pourrez remplacer le lait de suite par du lait de croissance, ou bien du lait entier selon les recommandations de votre pédiatre. Selon le lait utilisé, la semoule sera plus ou moins épaisse.
Pour cette recette, la semoule de couscous est trop grosse et donc inadaptée ; utilisez plutôt de la semoule fine qui se trouve en grande surface au rayon des pâtes.

Tapioca à l'orange

Temps de préparation : 5 mn

Temps de cuisson : 15 mn

Ingrédients (4 portions)

1/2 litre de lait
50 grammes de tapioca
40 g de sucre en poudre
1 orange bio

Préparation

1- Rincer l'orange et, avec une râpe, récupérer son zeste.

2- Verser le lait dans une casserole, ajouter le zeste d'orange râpé et faire chauffer le lait à feu moyen.

3- Quand le lait est chaud, ajouter le tapioca. Mélanger constamment, avec une cuillère en bois, pendant quinze minutes. Les billes de tapioca vont devenir translucides : cela veut dire qu'elles sont cuites, même si le lait est encore assez liquide (en refroidissant les billes de tapioca vont encore gonfler et solidifier le tout).

4- Répartir le tapioca à l'orange dans des pots individuels fermés et les conserver au réfrigérateur.

Truc en +

Vous trouverez le tapioca sous forme de billes, sous le nom de perles du Japon, au rayon des pâtes et du riz en grande surface. Le tapioca étant dépourvu de gluten, ce dessert est idéal pour les bébés qui y sont intolérants. Attention à ne pas surdoser le tapioca : la préparation est encore assez liquide en fin de cuisson, mais en refroidissant elle va épaissir et si vous mettez trop de tapioca, ce ne sera pas agréable comme texture pour votre bébé.

Compote pommes-agrumes

Ingrédients
(3 pots de 130 g)
2 pommes
1 orange
1 pamplemousse
1 bâton de cannelle

Temps de préparation : 15 mn

Temps de cuisson : 15 mn

Préparation

1- Rincer les pommes sous l'eau, les éplucher et enlever les cœurs.

2- Couper les pommes en petits morceaux.

3- Peler à vif l'orange et le pamplemousse, en prenant soin d'enlever la peau blanche et amère.

4- A l'aide d'un couteau pointu, couper les quartiers d'orange et de pamplemousse entre chaque membrane, pour récupérer les suprêmes. Enlever les pépins s'il y en a.

5- Verser les morceaux de pommes, d'orange et de pamplemousse dans une casserole, avec le bâton de cannelle, et faire compoter à feu moyen en mélangeant régulièrement pendant 10 minutes.

6- Enlever le bâton de cannelle et mixer pour obtenir une compote lisse.

7- Répartir la compote dans des pots individuels fermés et les conserver au réfrigérateur ou au congélateur.

Truc en +

La découpe des agrumes pour récupérer les suprêmes est un peu longue et fastidieuse, alors pour gagner du temps, n'hésitez pas à utiliser pour cette recette un bol de salade d'agrumes surgelés et augmentez le temps de cuisson de 5 minutes.

Compote de bananes

Temps de préparation : 2 mn

Temps de cuisson : 15 mn

Ingrédients (3 portions)
3 bananes
2 cs de jus d'orange
1 gousse de vanille

Préparation

1- Préchauffer le four à 180°.

2- Couper la gousse de vanille en 3 morceaux et la fendre dans la longueur.

3- Laisser les bananes dans leur peau et les fendre dans la longueur. Glisser dans chaque fente un morceau de vanille.

4- Déposer les bananes dans un plat à gratin, fentes sur le dessus, et les enfourner pour 15 minutes de cuisson.

5- Quand les bananes sont cuites, récupérer leur chair et la mixer avec le jus d'orange.

6- Répartir la compote dans des pots individuels fermés et les conserver au réfrigérateur ou au congélateur.

Truc en +

La cuisson des bananes au four, dans leur peau et avec la vanille, donne une texture très onctueuse et un peu épaisse pour une compote. Celle-ci sera, grâce à la vanille et au jus d'orange, bien parfumée pour éveiller votre bébé à de nouvelles saveurs.

Compote bananes-coing

Temps de préparation : 10 mn

Temps de cuisson : 20 mn

Ingrédients (3 portions)

2 bananes mûres

1 coing

Préparation

1- Rincer et peler le coing. Le couper en deux, enlever le cœur et détailler la chair en dés.

2- Peler et couper la chair de la banane en rondelles.

3- Verser les morceaux de bananes et de coing dans une casserole avec deux cuillères à soupe d'eau.

4- Faire compoter à feu moyen pendant 20 minutes en mélangeant régulièrement.

5- Mixer les fruits dans un robot.

6- Répartir la compote dans des pots individuels fermés et les conserver au réfrigérateur ou au congélateur.

Truc en +

Le coing est le fruit du cognassier. Il ressemble à une grosse poire jaune et, à maturité, il est très parfumé. Il est commercialisé à l'automne et ne se mange que cuit, car sa chair est dure et acide. Si votre bébé souffre de diarrhée, la compote de bananes et de coing est particulièrement indiquée, car le coing est riche en pectine, qui ralentit le transit intestinal.

Compote de kiwis

Temps de préparation : 10 mn

Temps de cuisson : 15 mn

Ingrédients (3 portions)

1 pomme

4 kiwis

Préparation

1- Rincer et peler la pomme. La couper en deux, enlever le cœur et détailler la chair en dés.

2- Couper les kiwis en deux, récupérer la chair à l'aide d'une cuillère.

3- Verser les morceaux de pomme et de kiwis dans une casserole avec une cuillère à soupe d'eau.

4- Faire compoter à feu moyen pendant 15 minutes en mélangeant régulièrement.

5- Mixer les fruits dans un robot.

6- Répartir la compote dans des pots individuels fermés et les conserver au réfrigérateur ou au congélateur.

Truc en +

Le kiwi est un super fruit : plus riche en vitamine C qu'une orange, en potassium qu'une banane, il contient aussi plein d'autres vitamines ! Optez pour des kiwis de l'Adour, produits dans le Sud-Ouest de la France, ils disposent d'une IGP et d'un Label Rouge, n'ont pas beaucoup voyagé et ont donc conservé tous leurs bienfaits. Ils sont aussi moins acides et plus sucrés que les autres kiwis car ils ont été cueillis à maturité.

Compote ananas, potiron et vanille

Temps de préparation : 10 mn

Temps de cuisson : 10 mn

Ingrédients (4 portions)
2 pommes
1/4 d'ananas frais
1/3 de tranche de potiron
1 gousse de vanille

Préparation

1- Rincer les fruits et légumes sous l'eau.

2- Peler l'ananas, enlever le cœur et couper la chair en gros morceaux.

3- Enlever l'écorce du potiron, couper la chair en gros morceaux.

4- Peler et vider la pomme, la couper en quartiers.

5- Verser tous les fruits et légumes dans une casserole, avec la gousse de vanille fendue dans la longueur. Ajouter deux cuillères à soupe d'eau et laisser compoter les fruits à feu moyen pendant 10 minutes.

6- Quand la compote est cuite, enlever la vanille et mixer le tout jusqu'à obtenir une compote bien lisse.

7- Répartir la compote dans des pots individuels fermés et les conserver au réfrigérateur ou au congélateur.

Truc en +

Le potiron est un légume au goût sucré. Il apporte de l'onctuosité à la compote et l'association fruits-légumes est surprenante mais très agréable à goûter. C'est une façon de faire manger des légumes aux bébés qui les boudent un peu et qui préfèrent les compotes !

Compote pommes-mangue

Temps de préparation : 10 mn

Temps de cuisson : 10 mn

Ingrédients (3 portions)
2 pommes
1 mangue

Préparation

1- Rincer et peler les pommes. Les couper en deux, enlever les cœurs et détailler la chair en dés.

2- Rincer et peler la mangue. La couper en trois morceaux dans la longueur. Couper la chair en dés sur les deux extrémités et récupérer sur le morceau du milieu, où se trouve le noyau, les petits morceaux de chair qui sont bien accrochés.

3- Verser les morceaux de pommes et de mangue dans une casserole avec une cuillère à soupe d'eau.

4- Faire compoter à feu moyen pendant 10 minutes en mélangeant régulièrement.

5- Mixer les fruits dans un robot.

6- Répartir la compote dans des pots individuels fermés et les conserver au réfrigérateur ou au congélateur.

Truc en +

La mangue apporte beaucoup d'onctuosité à cette compote. Vous pouvez la parfumer avec un peu de vanille ou bien avec le zeste d'une orange. Cette compote, servie avec le tapioca à l'orange, est un goûter idéal pour éveiller votre bébé à de nouvelles saveurs !

Compote exotique bananes-mangue

Temps de préparation : 10 mn

Temps de cuisson : 10 mn

Ingrédients (3 portions)
2 bananes
1 mangue
1/2 citron vert

Préparation

1- Rincer et peler la mangue. La couper en trois morceaux dans la longueur. Couper la chair en dés sur les deux extrémités et récupérer sur le morceau du milieu, où se trouve le noyau, les petits morceaux de chair qui sont bien accrochés.

2- Enlever la peau des bananes et les couper en rondelles. Presser le citron sur les rondelles de bananes pour éviter qu'elles noircissent.

3- Verser les morceaux de bananes et de mangue dans une casserole avec une cuillère à soupe d'eau.

4- Faire compoter à feu moyen pendant 10 minutes en mélangeant régulièrement.

5- Mixer les fruits dans un robot.

6- Répartir la compote dans des pots individuels fermés et les conserver au réfrigérateur ou au congélateur.

Truc en +

Vous pouvez commencer à donner des fruits crus à votre bébé. Cette recette est totalement réalisable sans cuisson, la mangue et la banane ayant une texture crémeuse qui donnera une compote crue parfaite. Evitez cependant d'y mettre le jus de citron, sans cuisson il apporterait trop d'acidité au dessert.

Riz au lait à la fraise

Ingrédients (4 portions)
1/2 litre de lait
60 g de riz rond
4 cc de sucre
125 g de fraises
1/2 gousse de vanille

Temps de préparation : 5 mn

Temps de cuisson : 40 mn

Préparation

1- Verser le lait et le sucre dans une casserole. Ajouter la gousse de vanille fendue dans sa longueur.

2- Faire bouillir le lait, en mélangeant régulièrement pour qu'il n'attache pas, puis ajouter le riz.

3- Mélanger à nouveau, baisser le feu et laisser cuire le riz pendant 35 minutes à feu doux, en mélangeant régulièrement.

4- Pendant ce temps, nettoyer les fraises, enlever le pédoncule et les couper en tout petits dés.

5- Ajouter les dés de fraises dans le riz et poursuivre sa cuisson pendant 5 à 10 minutes, jusqu'à ce qu'il soit bien onctueux.

6- Répartir les riz au lait à la fraise dans des pots individuels fermés et les conserver au réfrigérateur.

Truc en +

Si votre bébé a du mal avec les morceaux, vous pouvez commencer par lui mixer le riz au lait juste après cuisson ; progressivement, vous mixerez de moins en moins, pour l'habituer à avoir de petits morceaux fondants dans ses repas.

Yaourt au coulis d'abricot

Temps de préparation : 5 mn

Temps de cuisson : 10 mn

Ingrédients (2 portions)

2 yaourts nature (au lait entier, ou bien au lait infantile)
4 abricots
1 cc de sucre en poudre

Préparation

1- Rincer les abricots sous l'eau et les conserver entiers.

2- Faire bouillir une casserole d'eau. Quand l'eau bout, y verser les abricots. Baisser le feu et les laisser pocher pendant 10 minutes dans l'eau.

3- Quand les abricots sont cuits, les sortir de l'eau. Les couper en deux et enlever le noyau en faisant attention à ne pas vous brûler.

4- Mixer les abricots avec le sucre et répartir le coulis dans des pots individuels, dans lesquels il ne restera plus qu'à ajouter le yaourt au moment de servir ce dessert à votre bébé.

Truc en +

Si vos abricots sont très sucrés, vous pouvez enlever le sucre de la recette. Ce coulis est aussi parfait pour accompagner la semoule au lait, ou bien le tapioca à l'orange.

Compote d'abricots au romarin

Temps de préparation : 10 mn

Temps de cuisson : 10 mn

Ingrédients (3 portions)
1 pomme
6 abricots mûrs
1 branche de 5 cm de romarin

Préparation

1- Rincer les fruits sous l'eau.

2- Peler et couper la pomme en deux. Enlever le cœur et la couper en petits morceaux.

3- Couper les abricots en deux, enlever le noyau.

4- Verser les morceaux dans une casserole avec le romarin et faire compoter à feu moyen en mélangeant régulièrement pendant 10 minutes.

5- Enlever le romarin et mixer pour obtenir une compote bien lisse.

6- Répartir la compote dans des pots individuels fermés et les conserver au réfrigérateur ou au congélateur.

Truc en +

Le romarin apporte une saveur supplémentaire à cette compote d'abricots et son parfum fait oublier l'acidité de l'abricot quand il est cuit. Pour une saveur différente, vous pouvez ajouter dans la compote une pincée de fleurs de lavande. Attention cependant à n'utiliser que des fleurs bio non traitées que vous trouverez en épicerie biologique au rayon des tisanes.

Compote de pêches à la verveine

Temps de préparation : 5 mn

Temps de cuisson : 10 mn

Ingrédients
(3 pots de 130 g)
3 pêches jaunes, 6 feuilles de verveine, 1 cs de céréales, instantanées à la vanille

Préparation

1- Rincer les pêches.

2- Les faire cuire entières à la vapeur pendant 10 minutes, avec les feuilles de verveine.

3- Peler les pêches, récupérer la chair et la mixer avec les céréales et la verveine pour obtenir une compote bien lisse.

4- Répartir la compote dans des pots individuels fermés et les conserver au réfrigérateur ou au congélateur.

Truc en +

La verveine est une herbe aromatique bien moins facile à trouver que le persil ou la menthe. Le plus simple est de l'acheter dans un petit pot dans une jardinerie, au printemps. Pensez à l'arroser régulièrement et à ne pas la mettre en plein soleil. Ses feuilles sont parfaites pour aromatiser de façon très naturelle et subtile les compotes aux fruits d'été.

Smoothie à la banane

Temps de préparation : 5 mn

Temps de cuisson : 0 mn

Ingrédients (1 portion)
1 yaourt nature
1 banane
1 cs de céréales à la vanille

Préparation

1- Enlever la peau de la banane et couper la chair en rondelles.

2- Verser les rondelles de banane, le yaourt et les céréales dans un mixeur.

3- Mixer longuement pour obtenir une préparation onctueuse.

4- Servir sans attendre à votre bébé, sinon la banane va s'oxyder et donner une couleur grise au smoothie.

Truc en +

Ce smoothie est parfait pour le goûter de votre bébé, car il comporte une portion de fruit et un produit laitier. Dès 9 mois, vous pouvez lui donner à la cuillère ; quand il sera capable de boire avec une paille, vous pourrez lui proposer cette préparation dans un verre.

Jus d'orange à la fraise

Temps de préparation : 5 mn

Temps de cuisson : 0 mn

Ingrédients (1 portion)

1 orange

5 fraises

Préparation

1- Nettoyer les fruits sous l'eau.

2- Peler l'orange à vif et enlever le pédoncule des fraises.

3- Passer les fruits dans une centrifugeuse et servir sans attendre pour ne pas perdre les vitamines.

Truc en +

Les jus de fruits faits maison sont bien meilleurs pour votre bébé que les jus industriels, réalisés en général à base de jus de fruits concentrés et additionnés de sucre. Attention cependant à ne pas en donner trop souvent, cela doit rester occasionnel pour éviter que votre bébé ne se détourne de l'eau qui lui est indispensable.

Si vous n'avez pas de centrifugeuse, vous pouvez mixer les fruits dans votre robot puis filtrer le jus avec un tamis pour enlever la pulpe.

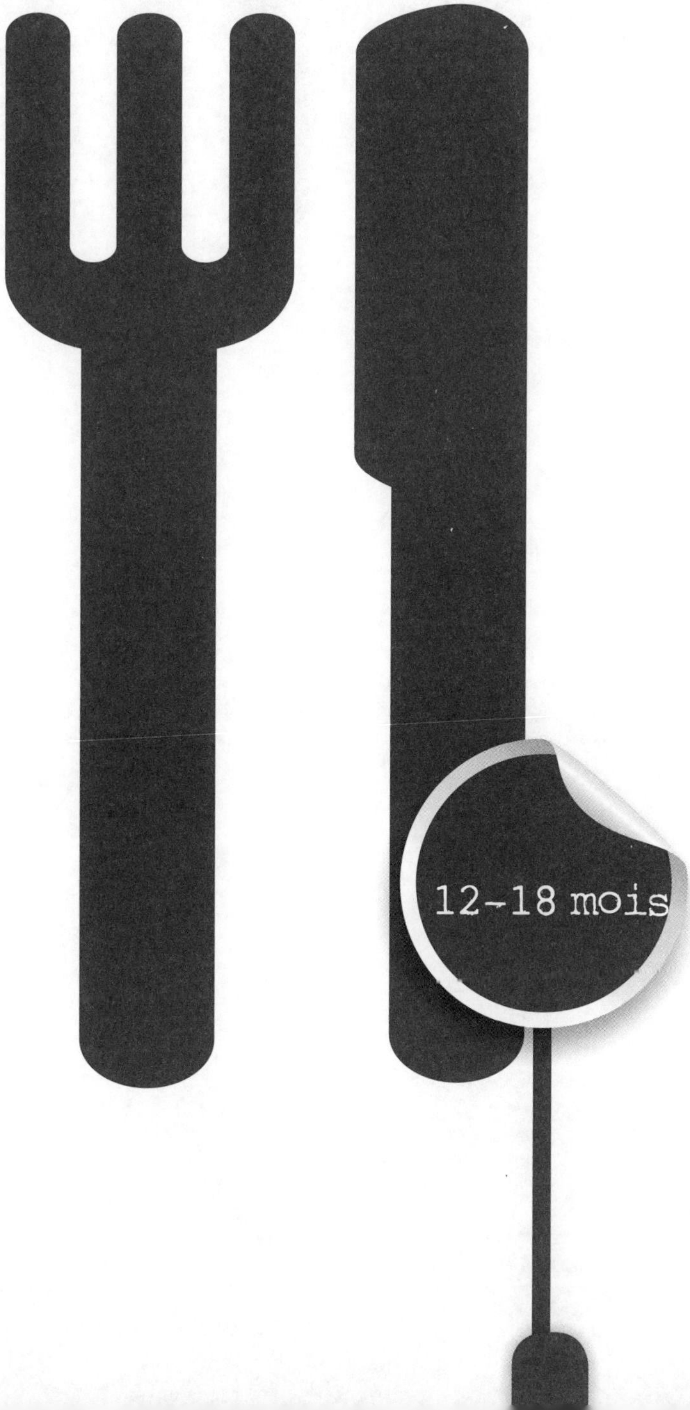
12-18 mois

Votre bébé a maintenant 1 an et petit à petit son alimentation va se rapprocher de celle du reste de votre famille. Côté ingrédients, il n'y aura pas de grands changements, continuez à lui faire découvrir les fruits et les légumes au fil des saisons et de vos envies.

En plus des céréales (riz, semoule, tapioca) que vous lui avez déjà fait goûter, vous pouvez maintenant lui proposer des vermicelles ou des pâtes perles, ou bien du blé pour varier les repas. Pensez à bien les faire cuire pour qu'ils soient faciles à mastiquer.

Vous pouvez aussi commencer à ajouter quelques légumes secs dans les repas de votre bébé. Débutez avec les lentilles corail, qui sont rapides à cuire et qui se décomposent en purée. Veillez d'abord à mixer les légumes secs pour qu'ils soient plus faciles à digérer et évitez de les proposer trop souvent.

Côté lait, vous allez pouvoir remplacer le lait 2e âge par du lait de croissance, ou du lait entier, selon vos convictions et les conseils de votre pédiatre. En effet, certains recommandent l'usage du lait entier jusqu'à ce que l'enfant ait 3 ans, alors que d'autres le déconseillent car il ne serait qu'un produit marketing pour faire vendre du lait plus cher. A vous de voir.

Cependant, pour les recettes de desserts à base de lait, je vous conseille de prendre l'habitude d'utiliser du lait entier : vous pourrez les partager avec votre bébé et ils seront très onctueux.

Côté laitages, vous pouvez aussi commencer à faire goûter le fromage à votre bébé. Ne vous limitez pas aux versions pour enfants, faites-lui goûter ceux que vous aimez à condition qu'ils soient au lait pasteurisé (jusqu'à 3 ans) et qu'ils ne soient pas trop salés.

Et comme un repas est fait pour être partagé et que votre bébé grandit, essayez autant que possible de l'installer à la table familiale. C'est bien plus agréable que de manger tout seul. Il est vrai que c'est contraignant, que vous allez devoir vous adapter un peu plus à ses horaires, mais c'est une étape indispensable pour l'aider à être plus autonome. Il sera ravi d'être considéré « comme un grand » et encore plus si vous lui laissez découvrir tout seul l'usage de sa cuillère ou de son verre. Pour l'aider, pensez à adapter la texture des repas pour que les purées soient assez épaisses (avec des morceaux fondants) et qu'elles ne tombent pas trop vite de sa cuillère !

Et sinon, n'oubliez pas de marquer un évènement important à cette période... son premier anniversaire. Vous trouverez, à la fin des recettes, un gâteau parfait pour cette occasion, que vous pourrez partager tous ensemble.

Purée de navets et carottes au miel

Temps de préparation : 10 mn

Temps de cuisson : 20 mn

Ingrédients (3 portions)
4 petits navets, 3 carottes, 1 échalote, 2 gousses d'ail, 3 brins de persil, 1 cc de miel, 1 cs d'huile d'olive

Préparation

1- Nettoyer, peler et couper les légumes en morceaux de taille régulière.

2- Dans une cocotte, faire chauffer l'huile. Y faire revenir l'ail et l'échalote hachée sans trop les laisser colorer.

3- Ajouter les légumes, mélanger puis ajouter le miel. Verser un verre d'eau, ajouter le persil et baisser le feu. Mélanger et faire cuire à couvert pendant 20 minutes.

4- Quand les légumes sont cuits, enlever le couvercle et monter le feu pour faire réduire le jus de cuisson.

5- Mixer plus ou moins grossièrement les légumes pour obtenir une purée.

6- Répartir la purée dans des pots individuels fermés et les conserver au réfrigérateur ou au congélateur.

Truc en +

Le miel est un produit sucrant naturel produit par les abeilles. Cependant, il est déconseillé d'en donner à votre bébé avant un an ; en effet, le miel (même pasteurisé ou bio) peut contenir une bactérie, très dangereuse pour la santé des bébés, qui provoque le botulisme infantile. Les symptômes – nausées, vomissements, fatigue, étourdissements, maux de tête – peuvent très vite s'aggraver vers un arrêt respiratoire. Cette maladie est rare, mais il est préférable de respecter ce conseil.

Tajine de potiron, pruneaux et poulet

Temps de préparation : 10 mn

Temps de cuisson : 20 mn

Ingrédients (3 portions)
1/2 blanc de poulet (60 g), 1 belle tranche de potiron, 1 échalote, 3 pruneaux, 1 cc d'épices à tajine non pimentées, 1 cs d'huile d'olive

Préparation

1- Nettoyer, enlever l'écorce et couper le potiron en morceaux de taille régulière.

2- Peler et hacher l'échalote au couteau.

3- Dans une cocotte, faire chauffer l'huile. Y faire revenir l'échalote hachée avec le poulet et les pruneaux. Mélanger.

4- Ajouter les morceaux de potiron, mélanger puis ajouter les épices. Arroser d'un verre d'eau, baisser le feu, mélanger et faire cuire à couvert pendant 20 minutes.

5- Quand les légumes sont cuits, les mixer plus ou moins grossièrement avec le poulet pour obtenir une purée.

6- Répartir la purée dans des pots individuels fermés et les conserver au réfrigérateur ou au congélateur.

Truc en +

En été, vous pouvez très bien remplacer le potiron par des courgettes et des aubergines.

Crème de champignons de Paris

Temps de préparation : 10 mn

Temps de cuisson : 15 mn

Ingrédients (2 portions)
250 g de champignons de Paris,
1 échalote, 2 brins de persil,
1 cs de fécule de maïs (20 g),
30 cl de lait entier,
1 filet d'huile d'olive

Préparation

1– Nettoyer les champignons, couper le bout, puis les couper en quatre.

2– Peler et émincer finement l'échalote.

3– Faire chauffer une casserole à feu moyen. Y verser un filet d'huile d'olive.

4– Quand l'huile est chaude, faire revenir à feu vif l'échalote émincée et les champignons de Paris. Laisser cuire pendant 5 minutes, puis saupoudrer avec la fécule de maïs. Mélanger avec une cuillère en bois puis mouiller avec le lait.

5– Continuer la cuisson sur feu moyen, en mélangeant régulièrement pendant 10 minutes, jusqu'à ce que le liquide épaississe.

6– Ajouter le persil ciselé, puis mixer le tout pour obtenir un velouté de champignons.

7– Mettre la crème dans des pots individuels fermés et les conserver réfrigérateur ou au congélateur.

Truc en +

Pour un repas complet du soir, vous pouvez donner à votre bébé une petite portion de féculents en plus de la soupe, sous forme de riz, de petites pâtes ou de blé, ou en optant pour un dessert de type riz ou semoule au lait.

Douceur d'endives au jambon

Temps de préparation : 10 mn

Temps de cuisson : 15 mn

Ingrédients (2 portions)

- 2 petites endives
- 2 pommes de terre
- 1 tranche de jambon blanc
- 1 fromage frais pour enfant
- 1 pincée de noix de muscade râpée

Préparation

1- Rincer les endives, enlever le cœur et les émincer finement.

2- Rincer les pommes de terre, les peler puis les couper en cubes.

3- Faire cuire les cubes de pommes de terre et les endives à la vapeur pendant 15 minutes.

4- Quand les légumes sont cuits, écraser les pommes de terre avec le fromage frais. Si l'écrasée de pommes de terre est trop épaisse, ajouter un peu de lait. Assaisonner avec la muscade râpée.

5- Ciseler le jambon. L'ajouter à l'écrasée de pommes de terre. Ajouter les morceaux d'endives et mélanger.

6- Répartir la purée dans des pots individuels fermés et les conserver au réfrigérateur.

Truc en +

Pour que votre bébé apprenne à différencier le goût des aliments, vous pouvez lui proposer les trois éléments de la recette côte à côte dans l'assiette plutôt que mélangés.

Crème de lentilles du Puy mijotées

Temps de préparation : 10 mn

Temps de cuisson : 30 mn

Ingrédients (4 portions)

6 cs de lentilles vertes du Puy, 2 carottes, 1 panais, 1/2 oignon, 1 branche de thym, 2 feuilles de sauge, 2 cs de crème fraîche

Préparation

1- Rincer les carottes et le panais. Les peler et les couper en bâtonnets. Couper ensuite les bâtonnets en petits cubes.

2- Peler et hacher l'oignon.

3- Dans une casserole, verser un filet d'huile d'olive. Y faire revenir les légumes (oignons, carottes, panais) pendant 5 minutes à feu moyen.

4- Ajouter les lentilles, la sauge, le thym et mouiller avec 1/2 litre d'eau. Baisser le feu et laisser mijoter à feu moyen/doux pendant 25 minutes. Les lentilles doivent devenir moelleuses.

5- Enlever les herbes, ajouter la crème et mélanger.

6- Mixer la moitié des lentilles, puis mélanger la purée de lentilles obtenue avec celles non mixées. Mettre la préparation dans des pots individuels fermés et les conserver au réfrigérateur ou au congélateur.

Truc en +

Le fait de mixer la moitié des lentilles sous forme de crème donne une texture plus agréable à cette préparation. Petit à petit, vous pourrez ne plus mixer les lentilles qui, quand elles sont bien cuites, sont particulièrement fondantes.

Lentilles corail à l'indienne

Temps de préparation : 10 mn

Temps de cuisson : 20 mn

Ingrédients (2 portions)
5 cs de lentilles corail décortiquées, 1 poireau, 2 cs de crème de coco, 2 tiges de coriandre, 1 pincée de curry

Préparation

1- Rincer et couper le poireau en deux dans sa longueur. Couper chaque moitié en deux pour obtenir quatre longs morceaux. Les émincer finement au couteau pour obtenir de tout petits morceaux de poireaux.

2- Verser les lentilles et les morceaux de poireaux dans une casserole. Couvrir d'eau à hauteur, puis ajouter la crème de coco, les feuilles de coriandre ciselées et la pincée de curry.

3- Faire cuire le tout à feu moyen pendant 20 minutes, en mélangeant régulièrement. Les lentilles vont cuire et se transformer petit à petit en purée. Si besoin, ajouter un peu d'eau pendant la cuisson.

4- Répartir la préparation dans des pots individuels fermés et les conserver au réfrigérateur ou au congélateur.

Truc en +

Les lentilles corail décortiquées cuisent beaucoup plus vite que les entières qui ont encore leur enveloppe autour. Elles sont douces et parfaites pour réaliser des purées pour votre bébé et se digèrent facilement. En été, remplacez le poireau par une courgette dans cette recette.

Vermicelles à la carbonara

Temps de préparation : 5 mn

Temps de cuisson : 10 mn

Ingrédients (2 portions)
4 cs de vermicelles
1 tranche de jambon
2 cs de crème liquide
1/4 de cube de bouillon de légumes

Préparation

1- Faire cuire les vermicelles pendant 8 minutes dans une casserole d'eau bouillante avec le morceau de cube.

2- Pendant ce temps, émincer finement la tranche de jambon.

3- Quand les pâtes sont cuites, les égoutter dans une passoire.

4- Mélanger la crème dans la casserole chaude, avec le jambon et les vermicelles. Faire épaissir le tout pendant 2 minutes à feu moyen.

5- Mettre la préparation dans des pots individuels fermés et les conserver au réfrigérateur.

Truc en +

Evitez d'utiliser des lardons dans les plats de votre bébé, ils sont trop salés, il vaut mieux continuer à lui donner du jambon. Vous pouvez faire une variante de cette recette avec de petits cubes de saumon frais qui vont cuire dans la crème chaude. Dans ce cas-là, vous pouvez également ajouter un peu de ciboulette ciselée.

Soupe de perles

Temps de préparation : 5 mn

Temps de cuisson : 10 mn

Ingrédients (2 portions)

1/2 cube de bouillon de volaille
4 cs de pâtes perles
1 carotte
2 cs de coulis de tomates

Préparation

1- Rincer, peler et râper la carotte à l'aide d'une râpe fine.

2- Faire chauffer 50 cl d'eau dans une casserole.

3- Quand l'eau bout, ajouter les carottes râpées, le coulis de tomates, le cube et les pâtes. Faire cuire le tout à feu moyen/vif pendant 10 minutes.

4- Répartir la soupe dans des pots individuels fermés et les conserver au réfrigérateur.

Truc en +

Vous trouverez les pâtes perles au rayon des pâtes à potages. Elles sont plus faciles à faire manger à votre bébé que les vermicelles s'il n'aime pas trop les morceaux.

Purée de pois cassés aux épices douces

Temps de préparation : 10 mn

Temps de cuisson : 60 mn

Ingrédients (3 portions)

250 g de pois cassés, 1 carotte, 1 feuille de laurier, 1 pincée de cumin, 1 pincée de curry, 2 portions de fromage frais à la crème pour enfant

Préparation

1- Verser les pois cassés dans une casserole, la remplir d'eau et les faire tremper pendant au moins 10 heures.

2- Quand ils ont trempé, les verser dans une passoire et les rincer sous l'eau du robinet.

3- Rincer et peler la carotte. La couper en petits dés.

4- Remplir de nouveau la casserole d'eau puis la porter à ébullition. Quand l'eau bout, verser les pois cassés, les dés de carottes, le laurier. Baisser le feu et laisser cuire pendant 1 heure.

5- Quand les pois cassés et les carottes sont cuits, enlever le laurier avant de mixer avec plus ou moins de jus de cuisson, le fromage frais et les épices.

6- Répartir la purée dans des pots individuels fermés et les conserver au réfrigérateur.

Truc en +

Les pois cassés, comme les haricots secs, ont besoin d'un temps de trempage avant cuisson pour devenir plus digestes. Si votre bébé a des soucis digestifs en mangeant des légumes secs, pensez à les associer avec des légumes.

Gratin de chou-fleur au jambon

Temps de préparation : 10 mn

Temps de cuisson : 35 mn

Ingrédients (3 portions)
1/2 chou-fleur (ou un petit), 60 g de jambon blanc, 25 cl de lait entier, 20 g de fécule de maïs, 2 cs de gruyère râpé, noix de muscade

Préparation

1- Rincer puis couper le chou-fleur en fleurettes.

2- Déposer les fleurettes de chou-fleur dans le panier de votre cuit-vapeur. Les faire cuire pendant 20 minutes.

3- Pendant ce temps, fouetter la fécule de maïs et le lait dans une casserole. Faire épaissir le tout à feu doux pendant 15 minutes en mélangeant souvent. Quand la sauce est cuite, ajouter le fromage râpé et mélanger pour le faire fondre.

4- Ecraser à l'aide d'une fourchette les fleurettes de chou-fleur dans un plat à gratin. Ajouter le jambon coupé en tout petits morceaux, recouvrir avec la sauce au fromage.

5- Répartir des portions individuelles dans des pots fermés et les conserver au réfrigérateur.

Truc en +

Vous pouvez réaliser ce type de gratin avec différents légumes, aussi bien les brocolis que les courgettes, les courges ou d'autres légumes qui deviennent fondants après cuisson.

Gaspacho

Temps de préparation : 10 mn

Temps de cuisson : 0 mn

Ingrédients (3 portions)
1 concombre, 2 tomates, 1 poivron rouge, 1 petite échalote, 1 tranche de pain de mie, sel de céleri, 6 feuilles de basilic, 1 cc de vinaigre, 1 cs d'huile d'olive

Préparation

1- Rincer les légumes sous l'eau.

2- Couper en deux les tomates, enlever les pépins et les couper en quartiers. Couper le poivron en lamelles, enlever les membranes blanches.

3- Couper le concombre en dés, en conservant sa peau. Peler et couper en quatre l'échalote.

4- Mélanger tous les légumes dans un saladier avec les feuilles de basilic et le pain de mie coupé en petits morceaux.

5- Ajouter l'huile et le vinaigre, un peu de sel de céleri et mélanger. Laisser mariner au réfrigérateur pendant 1 heure.

6- Quand les légumes ont macéré, les mixer avec le jus pour obtenir un gaspacho très lisse. S'il est trop épais, ajouter un peu d'eau.

7- Répartir les soupes dans des pots individuels fermés et les conserver au réfrigérateur.

Truc en +

Le gaspacho est une soupe froide très désaltérante que votre bébé va adorer. Pour que ce soit plus ludique à déguster, versez-le lui dans un verre et ajoutez une paille.

Purée aux herbes et sole à l'orange

Temps de préparation : 15 mn

Temps de cuisson : 25 mn

Ingrédients (2 portions)
4 pommes de terre
1 orange
1 filet de sole (60 g)
3 branches de cerfeuil
2 tiges de ciboulette
20 g de beurre

Préparation

1- Rincer les pommes de terre et les faire cuire dans une casserole d'eau bouillante pendant 15 minutes.

2- Pendant ce temps, peler à vif l'orange, récupérer les quartiers. Les couper en petits morceaux.

3- Déposer le filet de sole dans un plat individuel qui passe au four. Ajouter les morceaux d'orange et un filet d'huile d'olive.

4- Enfourner le poisson pour 10 minutes de cuisson à 170°.

5- Quand le poisson est cuit, le couper en petits morceaux. Peler puis écraser les pommes de terre avec une fourchette. Ajouter les herbes ciselées et le beurre, mélanger.

6- Répartir la préparation dans des pots individuels fermés et les conserver au réfrigérateur.

Truc en +

Vous pouvez utiliser d'autres agrumes pour cette recette, selon les goûts de votre bébé, comme par exemple des clémentines, du pamplemousse ou du citron.

Légumes verts et blé fondant

Temps de préparation : 10 mn

Temps de cuisson : 15 mn

Ingrédients (2 portions)
1 poignée de haricots verts surgelés
1 petite courgette
3 cs de blé précuit
20 g de beurre

Préparation

1– Rincer puis couper en rondelles la courgette.

2– Déposer les légumes dans le panier de votre cuit-vapeur. Les faire cuire pendant 15 minutes à la vapeur.

3– Pendant ce temps, faire cuire le blé dans une casserole d'eau bouillante pendant 8 à 10 minutes, selon le temps indiqué sur le paquet.

4– Quand les légumes sont cuits, les mixer plus ou moins grossièrement avec le beurre. Ajouter le blé cuit sur la purée.

5– Répartir la préparation dans des pots individuels fermés et les conserver au réfrigérateur.

Truc en +

Vous trouverez du blé précuit au rayon des pâtes et du riz en grande surface. Pensez à regarder du côté des mélanges de céréales (blé, avoine, maïs, ou blé, semoule, lentilles par exemple) pour varier les sources de sucres lents pour votre bébé.

Piperade à l'œuf

Temps de préparation : 10 mn

Temps de cuisson : 10 mn

Ingrédients (2 portions)

1 poivron rouge
1 tomate cœur de bœuf
1/2 oignon
1 pincée de piment doux
1 œuf
Huile d'olive

Préparation

1- Rincer puis enlever les membranes blanches du poivron et les graines. Le couper en petits dés.

2- Peler et couper la tomate en deux. Enlever les pépins, puis couper la chair en cubes.

3- Peler et hacher l'oignon au couteau.

4- Faire chauffer une sauteuse avec un filet d'huile d'olive. Y faire revenir les dés de poivron et l'oignon pendant 5 minutes à feu vif en mélangeant. Ajouter les dés de tomate, mélanger et laisser cuire à feu doux pendant 10 minutes.

5- Casser l'œuf dans un ramequin, le fouetter avec une fourchette puis l'ajouter dans la sauteuse. Mélanger avec une spatule. Quand l'œuf est pris, arrêter la cuisson. Saupoudrer légèrement avec le piment doux.

6- Répartir la préparation dans des pots individuels fermés et les conserver au réfrigérateur.

Truc en +

Accompagnez ce plat avec du riz pour qu'il soit plus consistant. Pour le piment, allez-y doucement, il s'agit de parfumer le plat mais pas de le rendre immangeable.

Riz "cantonnais"

Temps de préparation : 10 mn

Temps de cuisson : 20 mn

Ingrédients (2 portions)
200 g de riz cuit, 1/2 tranche de jambon blanc, 1 œuf, 1 échalote, 3 cs de petits pois surgelés, huile d'olive

Préparation

1- Faire cuire les petits pois dans une casserole d'eau pendant 10 minutes. Les égoutter dans une passoire.

2- Casser l'œuf dans un ramequin et le fouetter avec une fourchette. Le faire cuire au four à micro-ondes pendant 50 secondes pour obtenir une omelette. La démouler et la couper en petits cubes.

3- Couper en petits morceaux le jambon.

4- Peler et hacher l'échalote. Faire chauffer une poêle à feu vif. Y faire revenir les dés d'échalote dans un filet d'huile d'olive pendant 2 minutes.

5- Ajouter les petits pois, les morceaux de jambon, les dés d'omelette et le riz. Faire sauter le riz à la poêle pendant 5 minutes pour faire réchauffer tous les ingrédients.

6- Répartir la préparation dans des pots individuels fermés et les conserver au réfrigérateur.

Truc en +

Pour faire cuire l'omelette au four à micro-ondes, procédez en rajoutant 10 secondes par 10 secondes pour que l'omelette soit parfaitement cuite, sans se dessécher. Si vous avez un moule à muffin en silicone, utilisez-le pour la cuisson, pour éviter que cela n'attache.

Crème de maïs au poulet

Temps de préparation : 10 mn

Temps de cuisson : 20 mn

Ingrédients (2 portions)
1 boîte de maïs, 1/2 oignon, 1/2 poivron rouge, 50 g de blanc de poulet, 1 cs de crème liquide, 1/2 cube de bouillon de volaille, huile d'olive

Préparation

1- Peler et hacher l'oignon à l'aide d'un couteau.

2- Rincer puis couper le poivron en petits dés, en enlevant les graines et les membranes blanches. Ouvrir la boîte de maïs, le verser dans une passoire et le rincer sous l'eau.

3- Couper en petits dés le blanc de poulet.

4- Faire chauffer une casserole à feu moyen, avec un filet d'huile d'olive. Y faire revenir l'oignon haché, les dés de poulet et de poivron. Ajouter le maïs et le bouillon de volaille.

5- Mouiller avec 40 cl d'eau, puis laisser cuire à feu moyen pendant 20 minutes.

6- En fin de cuisson, ajouter la crème. Mélanger à nouveau.

7- Mettre la préparation dans des pots individuels fermés et les conserver au réfrigérateur.

Truc en +

Optez de préférence pour du maïs sans OGM. On le trouve principalement au rayon des produits biologiques. Souvent, le maïs en conserve contient du sucre, pensez à vérifier que celui que vous achetez est bien sans sucre ajouté, sinon le rincer à l'eau avant utilisation.

Purée de courge au maïs et curry

Temps de préparation : 10 mn

Temps de cuisson : 20 mn

Ingrédients (3 portions)
1 petite courge butternut
1 boîte moyenne de maïs
20 g de beurre

Préparation

1- Rincer puis enlever l'écorce de la courge. La couper en cubes.

2- Déposer les cubes de courge dans votre cuit-vapeur. Les faire cuire pendant 20 minutes.

3- Ouvrir la boîte de maïs, le verser dans une passoire et le rincer sous l'eau.

4- Quand les cubes de courge sont cuits, les récupérer et les écraser dans un saladier avec une fourchette. Ajouter le beurre, le maïs et mélanger.

5- Mettre la purée dans des pots individuels fermés et les conserver au réfrigérateur.

Truc en +

Vous pouvez parfumer cette recette avec un peu de cannelle en poudre pour lui donner une saveur différente.

Polenta à la tomate et mozzarella

Temps de préparation : 10 mn

Temps de cuisson : 10 mn

Ingrédients (2 portions)
40 cl de lait entier, 2 tomates, 1 échalote, 4 cs de polenta, 3 feuilles de basilic, 1 cs de mozzarella râpée, 1 filet d'huile d'olive

Préparation

1- Rincer, peler et couper en dés les tomates.

2- Peler et couper finement l'échalote.

3- Faire chauffer une poêle à feu vif avec un filet d'huile d'olive. Ajouter l'échalote, mélanger puis ajouter les dés de tomates. Baisser le feu et laisser cuire pendant 15 minutes.

4- Faire chauffer le lait dans une casserole. Quand il est chaud, verser la polenta en pluie dans la casserole et mélanger constamment pendant sa cuisson. La polenta va gonfler et absorber le lait.

5- Mettre la polenta dans des pots individuels, recouvrir avec la sauce tomate, ajouter le basilic ciselé et la mozzarella râpée. Les conserver au réfrigérateur ou au congélateur.

Truc en +

Vous pouvez remplacer la mozzarella par un peu de parmesan râpé sur la sauce tomate au dernier moment. Faites attention cependant à ne pas en donner trop souvent à votre bébé, ce fromage est très salé.

Mes premières frites de légumes

Temps de préparation : 10 mn

Temps de cuisson : 40 mn

Ingrédients (2 portions)
1 pomme de terre, 1 petite tranche de courge butternut, 1 cs d'huile d'olive, 1/2 cc de thym, 1 pincée de sel

Préparation

1- Préchauffer le four à 200°.

2- Nettoyer et peler les légumes. Les couper en bâtonnets de taille régulière.

3- Déposer les frites de légumes dans un saladier. Ajouter l'huile d'olive, le thym et mélanger avec les mains pour bien enrober les frites de thym et d'huile d'olive.

4- Protéger la plaque du four avec une feuille de papier sulfurisé. Déposer les frites dessus, en les éparpillant bien pour qu'elles ne soient pas les unes sur les autres.

5- Enfourner à mi-hauteur, pour 40 minutes de cuisson. Les frites doivent être dorées à l'extérieur et moelleuses à cœur. Saupoudrer légèrement de sel.

Truc en +

Surveillez bien la cuisson des frites, elle peut varier légèrement selon les fours. Pour accompagner ces frites, n'habituez pas votre bébé à manger de la mayonnaise et du ketchup. Optez pour un coulis de tomate, nature, que vous pouvez parfumer avec quelques herbes fraîches ciselées, un peu d'huile d'olive et une pincée de poivre, ou bien une sauce à base de fromage blanc et de persil haché relevée d'une pointe de moutarde.

Epinards à la florentine

Ingrédients (3 portions)
800 g d'épinards surgelés en feuilles, 25 cl de lait (entier ou de croissance), 25 g de farine, 10 g de beurre, noix de muscade râpée, 3 cs de gruyère râpé

Temps de préparation : 15 mn

Temps de cuisson : 20 mn

Préparation

1- Faire décongeler et cuire les épinards selon les instructions du paquet.

2- Quand ils sont cuits, les égoutter et les déposer dans trois plats individuels à gratin, ou petites cocottes.

3- Préchauffer le four à 180°.

4- Préparer la sauce béchamel. Faire fondre le beurre dans une casserole, puis verser la farine. Mélanger avec une cuillère en bois, puis ajouter progressivement le lait en mélangeant. Si vous avez des grumeaux, vous pouvez utiliser un fouet. Laisser la sauce cuire et épaissir à feu doux, en mélangeant souvent, pendant 10 minutes.

5- Recouvrir les épinards avec la sauce béchamel, puis ajouter la muscade râpée. Recouvrir de gruyère râpé.

6- Lorsque le four est chaud, enfourner les gratins et les laisser cuire pendant 10 minutes.

7- Servir ou conserver dans des pots individuels fermés à placer au réfrigérateur.

Truc en +

Pour un plat complet du midi, vous pouvez ajouter dans chaque plat à gratin un demi-œuf dur sur les épinards et recouvrir le tout avec la sauce béchamel.

Velouté de légumes à l'avocat

Temps de préparation : 15 mn

Temps de cuisson : 20 mn

Ingrédients (2 portions)
2 petites courgettes,
100 g de petits pois surgelés,
1 avocat, 3 tiges de ciboulette,
1 cube de bouillon de volaille allégé en sel

Préparation

1- Rincer les courgettes, les couper en cubes.

2- Dans une casserole d'eau bouillante, verser les cubes de courgettes, les petits pois et le cube de bouillon.

3- Faire cuire le tout pendant 20 minutes à feu moyen.

4- Récupérer les légumes à l'aide d'une écumoire, puis les mixer avec la chair de l'avocat et plus ou moins de jus de cuisson, jusqu'à obtenir une soupe veloutée.

5- Ajouter au dernier moment la ciboulette ciselée dans la soupe.

6- Servir ou conserver dans des pots individuels fermés à placer au réfrigérateur.

Truc en +

L'avocat est riche en bons acides gras essentiels. Il apporte une texture très onctueuse et veloutée à la soupe. Evitez de rajouter de la crème ou du beurre, pour que le velouté ne soit pas trop gras.

Ecrasée de pommes de terre, lotte au lait de coco

Temps de préparation : 15 mn

Temps de cuisson : 15 mn

Ingrédients (2 portions)
4 pommes de terre
2 joues de lotte
4 cs de lait de coco
2 tiges de coriandre

Préparation

1- Préchauffer le four à 160°.

2- Rincer, peler et couper en fines rondelles les pommes de terre. Les rincer à nouveau et les sécher dans du papier absorbant pour enlever l'amidon.

3- Enlever la peau sur les joues de lotte.

4- Découper deux grandes feuilles de papier sulfurisé, y déposer les rondelles de pommes de terre, puis les joues de lotte.

5- Ajouter le lait de coco dessus, ainsi que les feuilles de coriandre. Refermer les deux papillotes.

6- Lorsque le four est chaud, faire cuire les papillotes pendant 15 minutes.

7- Quand les papillotes sont cuites, les ouvrir délicatement, puis écraser grossièrement les pommes de terre avec le jus de cuisson. Couper la lotte en petits morceaux et servir, ou conserver dans des pots individuels fermés à placer au réfrigérateur.

Truc en +

N'hésitez pas à investir dans un presse-purée manuel, qui vous servira pendant de longues années. Votre enfant en grandissant prendra même plaisir à préparer sa purée tout seul dans son assiette.

Parmentier de la mer

Temps de préparation : 15 mn

Temps de cuisson : 30 mn

Ingrédients (1 portion)
1 carotte, 1 pomme de terre, 1 gousse d'ail, 10 cl de lait (de croissance ou entier), 30 g de filet de cabillaud, 1 petite tranche de pain, 10 g de beurre

Préparation

1- Rincer les légumes sous l'eau. Peler et couper en morceaux la carotte et la pomme de terre.

2- Peler la gousse d'ail, la couper en deux.

3- Faire cuire l'ensemble des légumes à la vapeur, ainsi que le cabillaud et l'ail, pendant 15 minutes.

4- Mixer le tout avec le lait jusqu'à obtenir une purée onctueuse.

5- Verser la purée dans un plat à gratin individuel.

6- Faire griller la tranche de pain dans un grille-pain. La laisser refroidir, puis la mixer pour obtenir une chapelure.

7- Saupoudrer la purée de chapelure, ajouter le beurre en copeaux et enfourner pour 15 minutes de cuisson à 180°, four chaud.

8- Servir ou conserver au réfrigérateur, en recouvrant le plat à gratin de film étirable.

Truc en +

La chapelure industrielle contient souvent de l'huile de palme, une huile qui n'est bonne ni pour notre santé, ni même pour l'environnement. Comme vous êtes équipé(e) d'un mixeur (ou d'un blender) pour préparer les purées de votre bébé, c'est très facile de l'utiliser pour faire votre propre chapelure.

Petites pâtes, beurre de sauge, courgettes

Temps de préparation : 10 mn

Temps de cuisson : 10 mn

Ingrédients (2 portions)
2 cs de pâtes étoiles
2 courgettes
3 feuilles de sauge
15 g de beurre

Préparation

1- Faire cuire les pâtes dans une casserole d'eau bouillante, pendant le temps indiqué sur le paquet pour qu'elles soient fondantes (6 minutes en général). Les égoutter et les mettre dans deux pots individuels.

2- Couper les courgettes en tout petits cubes. Les faire cuire à la vapeur pendant 12 minutes.

3- Quand les cubes de courgettes sont cuits, les séparer dans deux bols. Répartir la moitié des courgettes sur les pâtes dans les pots, puis mixer la deuxième moitié et l'ajouter également dans les pots.

4- Faire fondre le beurre au four à micro-ondes, avec les feuilles de sauge. Mélanger et laisser reposer 5 minutes le temps que les feuilles de sauge parfument le beurre.

5- Ajouter un peu de beurre dans chaque pot. Les fermer et les conserver au réfrigérateur ou au congélateur.

Truc en +

Cette recette a plusieurs textures et ingrédients pour habituer petit à petit votre bébé à manger des morceaux fondants. L'avantage de mixer la moitié des légumes est d'obtenir comme une sauce aux légumes pour lier le reste des ingrédients entre eux et ne pas trop perturber votre bébé qui a déjà l'habitude de manger des purées de légumes.

Riz aux épinards et au parmesan

Temps de préparation : 10 mn

Temps de cuisson : 10 mn + 20 mn

Ingrédients (2 portions)

1 botte d'épinards frais

4 cs de riz rond

1 cs de fromage blanc

1 cs de parmesan râpé

Préparation

1- Rincer les épinards sous l'eau, enlever les feuilles flétries et couper les tiges épaisses.

2- Déposer les épinards dans le panier du cuit vapeur. Les faire cuire pendant 10 minutes.

3- Pendant ce temps, faire cuire le riz dans une casserole d'eau bouillante pendant 20 minutes.

4- Quand le riz est cuit, l'égoutter et le verser dans un saladier. Ajouter le parmesan et le fromage blanc et mélanger.

5- Ciseler finement les épinards et les ajouter dans le saladier. Mélanger à nouveau.

6- Répartir la préparation dans des pots individuels fermés et les conserver au réfrigérateur ou au congélateur.

Truc en +

Pour cette recette, optez pour du riz rond, ou du riz à risotto. Il sera plus moelleux et donnera un plat onctueux, mélangé aux épinards et aux fromages.

Mes premiers biscuits secs

Temps de préparation : 15 mn

Temps de cuisson : 15 mn

Ingrédients (20 biscuits)

90 g de beurre
50 g de sucre en poudre
130 g de farine de blé T 80 (farine bis)

Préparation

1- Faire ramollir le beurre à température ambiante.

2- Avec un batteur électrique, fouetter le beurre et le sucre jusqu'à ce que le mélange blanchisse. Ajouter la farine et mélanger jusqu'à obtenir une boule de pâte.

3- Étaler la pâte sur le plan de travail fariné – elle doit être quand même un peu épaisse – puis découper les biscuits avec un emporte-pièce.

4- Déposer les biscuits sur la plaque du four recouverte de papier sulfurisé et mettre la plaque au congélateur le temps de faire préchauffer le four à 160°.

5- Enfourner pour 15 minutes de cuisson. Les laisser refroidir sur une grille avant de les servir.

Truc en +

La farine de blé T 80, ou farine bis, est une farine moins raffinée que la farine classique mais plus facile à travailler que la farine complète. Elle est donc plus riche en vitamines et nutriments et convient tout à fait à la réalisation des biscuits de votre bébé. Ces biscuits se conservent pendant une semaine dans une boîte hermétique.

Compote ananas-mangue

Temps de préparation : 15 mn

Temps de cuisson : 10 mn

Ingrédients (3 portions)

1 mangue

1/2 ananas

Préparation

1- Rincer et peler la mangue. La couper en trois morceaux dans la longueur. Couper la chair en dés sur les deux extrémités et récupérer sur le morceau du milieu, où se trouve le noyau, les petits morceaux de chair qui sont bien accrochés.

2- Enlever l'écorce et le cœur de l'ananas. Couper la chair en morceaux.

3- Verser les morceaux d'ananas et de mangue dans une casserole avec une cuillère à soupe d'eau.

4- Faire compoter à feu moyen pendant 10 minutes en mélangeant régulièrement.

5- Mixer les fruits dans un robot.

6- Répartir la compote dans des pots individuels fermés et les conserver au réfrigérateur ou au congélateur.

Truc en +

Ce n'est pas toujours facile de trouver des mangues fraîches, goûteuses et bien mûres à un prix attractif. Vous pouvez donc utiliser pour cette recette des morceaux de mangue surgelés (3 à 4 morceaux pour 1 mangue) et rajouter 5 minutes de cuisson à la compote. Pour une touche acidulée, complétez en même temps avec quelques framboises surgelées.

Crème de mangues à la vanille

Temps de préparation : 15 mn

Temps de cuisson : 12 mn

Ingrédients (3 portions)
2 mangues
1 pomme
1 sachet de sucre vanillé
1 cs de crème épaisse

Préparation

1- Rincer la pomme sous l'eau et l'éplucher. Enlever le cœur et couper la pomme en petits morceaux.

2- Rincer et peler les mangues. Les couper en trois morceaux dans la longueur. Couper la chair en dés sur les deux extrémités et récupérer sur le morceau du milieu, où se trouve le noyau, les petits morceaux de chair qui sont bien accrochés.

3- Verser les morceaux de fruits dans une casserole, avec le sucre vanillé. Faire compoter à feu moyen pendant 10 minutes.

4- Ajouter la crème, mélanger et poursuivre la cuisson pendant 2 minutes.

5- Mixer le tout pour obtenir une crème bien lisse.

6- Mettre la crème dans des pots individuels fermés et les conserver au réfrigérateur ou au congélateur.

Truc en +

Vous pouvez remplacer la crème épaisse par de la crème de coco, plus consistante et plus onctueuse que le lait de coco. Elle donnera une saveur exotique à cette crème, tout en douceur. Vous la trouverez au rayon des produits exotiques en grande surface, ou bien dans les épiceries de produits exotiques.

Boisson au melon à l'anis

Temps de préparation : 10 mn

Temps de cuisson : 0 mn

Ingrédients (1 portion)
1/2 petit melon bien mûr
1 pincée de graines d'anis

Préparation

1- Enlever l'écorce du melon et les graines. Couper la chair en dés.

2- Mixer la chair du melon avec les graines d'anis longuement, jusqu'à obtenir une préparation liquide.

3- Filtrer le tout avec un tamis.

4- Verser le jus de melon dans un biberon, ou un verre à anse avec un bec et servir.

Truc en +

Comme tous les jus de fruits, il faut éviter de le préparer en avance sinon les vitamines seront perdues. Si vous n'avez pas de graines d'anis, vous pouvez les remplacer par une demi-cuillère à café de sirop anisé (sans alcool !) ou bien par du sirop d'orgeat.
En été, veillez à ne pas donner trop de melon à votre bébé, c'est un fruit assez laxatif qui pourrait lui donner des maux de ventre.

Panna cotta au lait de coco

Temps de préparation : 5 mn

Temps de cuisson : 5 mn

Ingrédients (4 portions)
20 cl de lait de coco
50 cl de lait
50 g de sucre en poudre
3 feuilles de gélatine
1/2 gousse de vanille

Préparation

1- Verser les deux laits dans une casserole.

2- Fendre la gousse de vanille en deux dans la longueur et récupérer les graines de vanille avec la pointe d'un couteau. Les ajouter dans la casserole, avec le sucre. Mélanger le tout avec un fouet.

3- Faire chauffer la casserole à feu moyen pour que le lait soit chaud, en mélangeant régulièrement.

4- Pendant ce temps, faire ramollir les feuilles de gélatine dans un bol d'eau froide. Quand elles sont ramollies, les égoutter entre vos mains, puis les ajouter dans la casserole.

5- Eteindre le feu et mélanger le lait au fouet pour bien y dissoudre la gélatine.

6- Mettre la panna cotta dans des pots individuels fermés et les conserver au réfrigérateur ou au congélateur.

Truc en +

Si votre bébé accepte les morceaux, vous pouvez accompagner cette panna cotta de quelques dés de kiwi bien mûrs, ou bien de dés de pêche ou de fraise selon la saison. Sinon, écrasez les fruits pour faire un coulis sans cuisson.

Compote de prunes au pain d'épice

Temps de préparation : 10 mn

Temps de cuisson : 10 mn

Ingrédients (2 portions)

1 pomme
8 à 10 prunes rouges (selon la taille)
1 tranche de pain d'épice

Préparation

1- Rincer et peler la pomme. Enlever le cœur et la couper en morceaux.

2- Rincer et couper les prunes en quartiers, enlever le noyau.

3- Couper la tranche de pain d'épice en petits cubes.

4- Verser les morceaux de pomme, de prunes et de pain d'épice dans une casserole. Ajouter deux cuillères à soupe d'eau et faire compoter le tout à feu moyen pendant 10 minutes.

5- Mixer le tout pour obtenir une compote onctueuse.

6- Répartir la compote dans des pots individuels fermés et les conserver au réfrigérateur ou au congélateur.

Truc en +

Le pain d'épice est composé de farine, de miel et de levure. Quand vous en achetez, veillez à laisser de côté les produits qui contiennent du sirop de glucose-fructose. C'est un produit que les industriels utilisent car il est moins cher que le sucre et le miel et parce qu'il améliore la conservation des gâteaux industriels. Cependant, ce sucre de synthèse n'est pas naturel, certaines études affirment qu'il favorise la prise de poids et donc l'obésité.

Crème dessert à la vanille

Temps de préparation : 5 mn

Temps de cuisson : 15 mn

Ingrédients (4 portions)
1/2 litre de lait, 3 cs de sucre en poudre, 2 œufs, 25 g de Maïzena, 2 sachets de sucre vanillé

Préparation

1- Verser tous les ingrédients dans un robot et mixer pour obtenir une préparation sans grumeaux.

2- Verser le tout dans une casserole et faire cuire à feu moyen pendant 12 à 15 minutes en mélangeant régulièrement : la préparation va épaissir petit à petit.

3- Quand la crème est cuite, la répartir dans des pots individuels fermés et les conserver au réfrigérateur.

Truc en +

Ces crèmes dessert peuvent être appréciées par tout le reste de la famille, si elles sont réalisées avec du lait entier. C'est petit à petit le début d'une alimentation plus familiale et votre bébé qui grandit sera fier de manger la même préparation que tout le reste de la famille.

Crème dessert au chocolat

Temps de préparation : 5 mn

Temps de cuisson : 15 mn

Ingrédients (4 portions)

1/2 litre de lait, 3 cs de sucre en poudre, 2 cs de cacao en poudre, 2 œufs, 25 g de Maïzena, 1 cs de crème épaisse

Préparation

1– Verser tous les ingrédients dans un robot et mixer pour obtenir une préparation sans grumeaux.

2– Verser le tout dans une casserole et faire cuire à feu moyen en mélangeant régulièrement. La préparation va épaissir petit à petit et le temps de cuisson est de 12 à 15 minutes.

3– Quand la crème est cuite, la répartir dans des pots individuels fermés et les conserver au réfrigérateur.

Truc en +

Vous pouvez ajouter un peu de cannelle en poudre pour parfumer ces crèmes dessert. Côté conservation, elles se gardent 3 jours au réfrigérateur, mais pas plus car elles contiennent des œufs cuits.

Pomme au four au caramel

Temps de préparation : 5 mn

Temps de cuisson : 20 mn

Ingrédients (1 portion)

1 pomme

1 cs de caramel liquide

1 noisette de beurre

Préparation

1- Préchauffer le four à 180°.

2- Rincer et peler la pomme. Enlever le cœur et la couper en quartiers.

3- Déposer les quartiers de pomme dans un ramequin qui passe au four. Les arroser de caramel, ajouter dessus la noisette de beurre.

4- Enfourner pour 20 minutes de cuisson, la pomme va cuire dans le caramel et va devenir fondante.

5- Laisser refroidir 10 minutes après cuisson avant de la donner à votre bébé.

Truc en +

Pour une si petite quantité de caramel, le plus rapide est de choisir du caramel liquide prêt à utiliser. Vous le trouverez en bouteille au rayon des aides pâtissières en grande surface. Pensez à le conserver au réfrigérateur une fois ouvert. Si vous en trouvez, n'hésitez pas à le remplacer par du sirop d'érable canadien, encore plus parfumé.

Douceur de rhubarbe à la fraise

Temps de préparation : 10 mn

Temps de cuisson : 20 mn

Ingrédients (3 portions)

4 tiges de rhubarbe
125 g de fraises
3 cs de sucre en poudre
1 cs de crème fraîche

Préparation

1- Rincer puis peler la rhubarbe à l'aide d'un économe pour enlever tous les fils.

2- Couper la rhubarbe en petits tronçons.

3- Enlever les pédoncules des fraises, les rincer et les couper en deux.

4- Dans un saladier, mélanger la rhubarbe, les fraises et le sucre. Couvrir le saladier avec du film alimentaire et laisser macérer le tout au réfrigérateur pendant au moins 2 heures. La rhubarbe va rendre du jus.

5- Verser le contenu du saladier dans une casserole, ainsi que le jus de macération et faire cuire le tout pendant 20 minutes en mélangeant régulièrement.

6- Quand les fruits sont cuits, les mixer longuement avec la crème pour obtenir une compote bien lisse et sans fils de rhubarbe.

7- Mettre la compote dans des pots individuels fermés et les conserver au réfrigérateur.

Truc en +

La rhubarbe est un fruit très acide qui n'est pas toujours apprécié par les bébés. Pensez à l'associer avec d'autres fruits (pomme, fraise, banane…) et à sucrer la compote. Vous pouvez remplacer la crème par du fromage blanc pour plus de légèreté.

Salade de kiwis

Temps de préparation : 5 mn

Temps de cuisson : 0 mn

Ingrédients (2 portions)
2 kiwis
1 orange

Préparation

1- Rincer les fruits sous l'eau.

2- Couper l'orange en deux, la presser au dessus d'un bol, enlever les pépins.

3- Peler le kiwi puis couper la chair en petits dés. Les verser dans le bol de jus d'orange et mélanger.

4- Répartir la salade de kiwis dans des pots individuels fermés et les consommer rapidement.

Truc en +

Le kiwi est un fruit assez doux, il est parfait à faire découvrir à votre bébé quand vous commencez à lui donner des fruits crus.

Banane écrasée au fromage blanc

Temps de préparation : 5 mn

Temps de cuisson : 0 mn

Ingrédients (2 portions)
1 banane
200 g de fromage blanc nature
1 sachet de sucre vanillé
1 filet de jus de citron

Préparation

1- Enlever la peau de la banane puis la couper en rondelles. Dans un bol, écraser les morceaux de banane avec le jus de citron.

2- Répartir le fromage blanc dans deux ramequins individuels. Ajouter dessus l'écrasée de banane puis saupoudrer de sucre vanillé.

3- Servir ce dessert rapidement, sinon l'écrasée de banane va s'oxyder.

Truc en +

Le fromage blanc est une bonne alternative aux yaourts pour les desserts de votre bébé. Moins acide, plus doux et onctueux qu'un yaourt, il est très apprécié des enfants. Vous trouverez plusieurs types de fromages blancs dans les rayons des hypermarchés. Selon leur taux de matière grasse, la couleur des emballages change : vert au lait écrémé (déconseillé pour les enfants, ils ne sont pas au régime), bleu au lait demi-écrémé et rouge au lait entier. Ce sont ces deux derniers qui sont à privilégier.

Poire confite au jus de raisin

Temps de préparation : 10 mn

Temps de cuisson : 15 mn

Ingrédients (2 portions)

2 poires

1/2 litre de jus de raisin rouge

1 étoile de badiane

1 bâton de cannelle

Préparation

1- Rincer les poires, les peler et les vider à l'aide d'un vide-pomme pour les conserver entières.

2- Verser le jus de raisin dans une casserole pouvant contenir les deux poires côte à côte.

3- Ajouter l'étoile de badiane et le bâton de cannelle. Déposer délicatement les poires debout dans le jus de raisin.

4- Faire chauffer la casserole à feu moyen et faire cuire les poires pendant 15 minutes. Arrêter ensuite la cuisson et laisser les poires refroidir dans le jus.

5- Laisser refroidir au moins 1 heure au réfrigérateur avant de servir les poires coupées en dés.

Truc en +

Cette recette permet de faire des « fruits au sirop » maison. Le jus de raisin étant très sucré, il est inutile de rajouter du sucre. Les poires vont prendre une jolie couleur pourpre pendant la cuisson et cette recette va être appréciée de toute la famille !

Compote pommes-raisins-pruneaux

Temps de préparation : 10 mn

Temps de cuisson : 10 mn

Ingrédients (4 portions)

3 pommes
4 pruneaux
1 cs de raisins secs
1 verre de jus de pomme

Préparation

1- La veille, faire chauffer le jus de pomme dans un bol pendant 1 minute au four à micro-ondes.

2- Verser dans le jus de pomme réchauffé les pruneaux et les raisins secs, mélanger et laisser macérer pendant une nuit au réfrigérateur.

3- Le lendemain, peler, vider et couper les pommes en morceaux. Les déposer dans une casserole, puis ajouter les fruits secs qui ont macéré ainsi que le jus de pomme.

4- Faire compoter le tout à feu moyen pendant 10 minutes, puis mélanger et écraser grossièrement les fruits avec une fourchette.

5- Mettre la compote dans des pots individuels fermés et les conserver au réfrigérateur ou au congélateur.

Truc en +

Les pruneaux, raisins, abricots et autres fruits secs ont été déshydratés pour pouvoir être conservés plus longtemps. Ils sont riches en vitamines et minéraux et après réhydratation peuvent être incorporés dans les compotes et les plats de votre bébé. Faites attention à n'acheter que des fruits secs nature. Certains, pour avoir un bel aspect une fois séchés, sont recouverts d'une couche d'huile ou d'un sirop sucré.

Mon premier gâteau d'anniversaire

Temps de préparation : 15 mn

Temps de cuisson : 30 mn

Ingrédients (8 portions)
1 yaourt à la vanille au lait entier, 90 g de beurre, sucre en poudre, farine, chocolat en poudre, 3 œufs, 1 sachet de levure, sel

Préparation

1- Verser le yaourt dans un saladier, puis laver le pot de yaourt qui va servir de mesure pour les ingrédients.

2- Casser les œufs dans le saladier, mélanger avec le yaourt à l'aide d'un fouet à pâtisserie.

3- Faire fondre le beurre dans un bol pendant une minute au four à micro-ondes, puis l'ajouter dans le saladier. Mélanger avec le fouet.

4- Ajouter ensuite les deux pots de sucre, une pincée de sel, le demi-pot de chocolat en poudre, puis mélanger à nouveau.

5- Tamiser trois pots de farine puis l'ajouter dans le saladier. Mélanger jusqu'à ce que toute la farine soit incorporée et qu'il n'y ait pas de grumeaux.

6- Verser la pâte dans le moule et faire cuire pendant 30 minutes. Quand le gâteau est cuit, le laisser refroidir avant de le démouler sur un plat de service.

Truc en +

Vous trouverez des moules en forme d'animaux, de voiture, de personnages de dessins animés dans les grandes surfaces ou les magasins spécialisés en ustensiles de cuisine pour donner une forme originale au gâteau. Privilégiez les moules en silicone, pour éviter que votre gâteau ne reste collé et soit abîmé au démoulage.

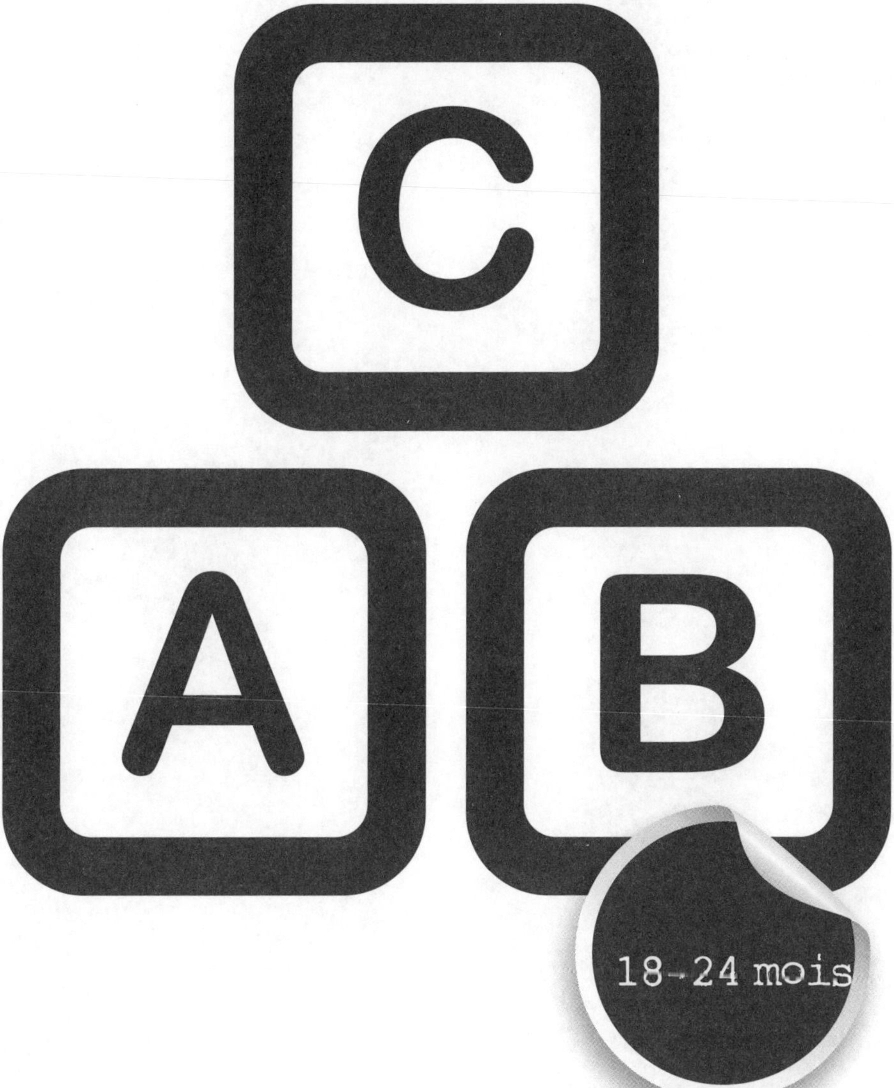

18-24 mois

Votre enfant n'est plus vraiment un bébé maintenant qu'il a 18 mois et il vous le fait sûrement comprendre ! Il parle, sait vous dire ce qu'il aime ou n'aime pas, quand il a faim ou soif, et inversement quand il ne veut pas ou plus manger.

Continuez à lui faire découvrir tous les produits de saison et, au fur et à mesure, allez vers une alimentation non mixée. Il a maintenant suffisamment de dents pour pouvoir mâcher ses repas.

C'est aussi le moment de lui faire découvrir certains produits de la mer qu'il ne connaissait pas encore, comme les crevettes et les petits coquillages, les moules et les coques. Comme pour tous les produits que vous lui faites découvrir, prenez garde à leur fraîcheur. Evitez cependant de lui donner du poisson cru et du poisson fumé avant ses 3 ans, pour des raisons sanitaires et à cause de la teneur en sel des produits fumés.

Si votre enfant est curieux et veut goûter ce que vous avez dans votre assiette, laissez-le faire et orientez de plus en plus ses repas vers une cuisine plus familiale. D'ailleurs, les recettes de cette catégorie du livre vont vous y aider car, avec les mêmes ingrédients, vous allez pouvoir décliner une recette pour les grands et une pour lui.

Puisque votre enfant voudra faire comme vous, évitez de déposer la salière sur la table. Vous pouvez maintenant mettre un peu de sel dans ses recettes, mais évitez de resaler au moment de manger les plats, c'est une mauvaise habitude qu'il vaut mieux ne pas lui donner, tout comme ajouter des condiments (ketchup, mayonnaise...) pour l'aider à manger ses assiettes.

Continuez également à l'aider dans son acquisition de l'autonomie pour manger. Encouragez-le à manger tout seul, même si des morceaux tombent, c'est un mal pour un bien pour l'aider à grandir ! Vous pouvez aussi le solliciter pour vous aider à mettre la table, en lui donnant chaque jour une nouvelle tâche qu'il sera content d'accomplir (porter les serviettes, une bouteille d'eau...) : il sera très fier de vous prouver qu'il n'est plus un bébé et qu'il est maintenant prêt à partager le même repas que tout le reste de la famille.

Et comme vous avez appris pendant ces deux années à lui cuisiner plein de fruits et de légumes frais, des produits de saisons goûteux, à lui faire découvrir les épices et les herbes pour relever les plats et à lui en mettre plein les papilles, vous avez maintenant toutes les clés en main pour continuer à bien le nourrir avec des menus sains, gourmands et rapides à préparer, sans tomber dans le « nuggets/frites surgelées/plats cuisinés tout prêts » !

Coquillettes au potiron

Temps de préparation : 10 mn

Temps de cuisson : 10 mn

Ingrédients (1 portion)

2 cs de coquillettes
50 g de potiron cru
2 feuilles de sauge
Huile d'olive
Sel, poivre

Préparation

1- Faire chauffer une casserole d'eau. Y faire cuire les coquillettes pendant le temps indiqué sur le paquet, pour qu'elles soient fondantes (8 à 10 minutes selon les marques).

2- Pendant ce temps, couper la chair du potiron en petits dés.

3- Faire chauffer une poêle à feu vif. Y faire sauter les dés de potiron dans un filet d'huile d'olive avec les feuilles de sauge pendant 5 minutes.

4- Quand les pâtes sont cuites, les égoutter. Ajouter les pâtes dans la poêle, mélanger. Assaisonner légèrement avec le sel et le poivre.

5- Verser les pâtes dans un pot individuel fermé et les conserver au réfrigérateur.

Truc en +

Vous pouvez ajouter des dés de blanc de poulet à faire cuire dans la poêle en même temps que les dés de potiron pour compléter cette recette pour le déjeuner de votre bébé. S'il aime, n'hésitez pas à ajouter un peu de gruyère râpé sur les pâtes au moment de les servir.

Risotto aux champignons de Paris

Temps de préparation : 5 mn

Temps de cuisson : 20 mn

Ingrédients (2 portions)
1/2 verre de riz à risotto, 1 cs d'huile d'olive, 15 cl d'eau, 125 g de champignons de Paris frais, 2 cc de parmesan, 1/2 cube de bouillon de volaille

Préparation

1- Nettoyer les champignons, couper le pied terreux et le jeter. Couper les champignons en petits dés.

2- Faire chauffer l'huile dans une casserole. Ajouter le riz et mélanger jusqu'à ce qu'il devienne transparent, puis ajouter les champignons.

3- Ajouter l'eau et le cube et faire cuire à feu doux pendant 20 minutes en mélangeant régulièrement pendant la cuisson.

4- Le risotto est cuit quand le riz est moelleux.

5- Ajouter en fin de cuisson le parmesan râpé puis mélanger.

6- Mettre le risotto dans des pots individuels fermés et les conserver au réfrigérateur.

Truc en +

Vous pouvez utiliser des cubes de bouillon de volaille, de bœuf ou de légumes pour parfumer les bouillons, pâtes et riz de votre bébé. Optez cependant pour des versions allégées en sel. Ceux ayant un goût plus naturel se trouvent en épicerie bio.

Macédoine de légumes d'été

Temps de préparation : 15 mn

Temps de cuisson : 0 mn

Ingrédients (2 portions)

1/4 de concombre, 4 radis, 100 g de maïs égoutté, 1 échalote, 3 brins de ciboulette, 100 g de fromage blanc, sel, poivre

Préparation

1- Nettoyer les légumes, couper les radis en fines lamelles et le concombre en petits cubes.

2- Peler et hacher l'échalote.

3- Dans un saladier, mélanger le fromage blanc et la ciboulette ciselée. Saler légèrement et poivrer puis ajouter les légumes coupés ainsi que le maïs.

4- Mélanger le tout puis répartir la macédoine dans des pots individuels fermés et les conserver au réfrigérateur.

Truc en +

Cette salade, qui contient plusieurs goûts et textures, est parfaite pour faire goûter les crudités à votre bébé.

Pâtes à la bolognaise

Temps de préparation : 10 mn

Temps de cuisson : 20 mn

Ingrédients (2 portions)
50 g de bœuf haché
20 cl de coulis de tomate
1 pincée d'herbes de Provence
1 petite échalote
4 cs de coquillettes
Huile d'olive

Préparation

1- Faire chauffer une casserole d'eau bouillante, y faire cuire les coquillettes pendant 10 minutes. Quand elles sont cuites, les égoutter dans une passoire.

2- Pendant ce temps, peler et hacher l'échalote.

3- Faire chauffer une poêle à feu vif. Y faire revenir le bœuf haché dans un peu d'huile d'olive, avec l'échalote, pendant 5 minutes. Ajouter les herbes de Provence, puis le coulis de tomate.

4- Baisser le feu et laisser cuire la bolognaise pendant 5 minutes. Ajouter les coquillettes dans la poêle et mélanger.

5- Mettre les pâtes dans des pots individuels fermés et les conserver au réfrigérateur.

Truc en +

N'hésitez pas à faire goûter à votre bébé les pâtes semi-complètes. Elles sont plus riches en fibres et en minéraux que les pâtes blanches, vous les trouverez sous plusieurs marques en grande surface. Si votre bébé n'aime pas trop la viande ou le poisson, optez pour des pâtes aux œufs, qui contiennent plus de protéines que les autres variétés de pâtes.

Flan d'aubergine au thym

Temps de préparation : 15 mn

Temps de cuisson : 50 mn

Ingrédients (2 portions)

1 belle aubergine
2 œufs
10 cl de crème liquide
1 branche de thym
Sel, poivre

Préparation

1- Rincer puis peler et couper en morceaux l'aubergine. Déposer les morceaux dans le panier du cuit-vapeur.

2- Faire cuire les morceaux d'aubergine pendant 10 minutes à la vapeur. Quand ils sont cuits, les mixer pour obtenir une purée.

3- Préchauffer le four à 170°, en mode chaleur tournante.

4- Dans un saladier, battre les œufs avec un fouet. Ajouter la crème, la purée d'aubergine et assaisonner avec le sel, le poivre et un peu de thym émietté.

5- Verser la préparation dans 2 ramequins beurrés et déposer les ramequins dans un plat à gratin rempli d'eau froide pour former un bain-marie.

6- Enfourner pour 30 à 40 minutes de cuisson. Les flans sont cuits quand ils sont pris et bien gonflés.

Truc en +

Vous pouvez réaliser cette recette avec des courgettes et parfumer les flans avec du basilic frais.

Chili con carne

Temps de préparation : 10 mn

Temps de cuisson : 15 mn

Ingrédients (2 portions)
200 g de haricots rouges en conserve, 1/2 steak haché, 1 tomate, 1 échalote, 1 pincée de cumin, huile d'olive, sel, poivre

Préparation

1- Peler et hacher finement l'échalote au couteau.

2- Rincer, peler et couper la tomate en dés.

3- Faire chauffer une sauteuse avec un filet d'huile d'olive. Y faire revenir le steak haché avec l'échalote pendant 3 minutes, puis mélanger.

4- Ajouter les dés de tomate, saler, poivrer et ajouter une pincée de cumin. Baisser le feu et laisser cuire 5 minutes.

5- Pendant ce temps, rincer et égoutter les haricots rouges, puis les ajouter dans la sauteuse. Mélanger, couvrir et laisser cuire 5 minutes supplémentaires.

Truc en +

Pour un plat encore plus riche en couleurs, remplacez 100 g de haricots rouges par 100 g de maïs en boîte rincé.

Gratin de pâtes aux petits pois

Temps de préparation : 5 mn

Temps de cuisson : 30 mn

Ingrédients (2 portions)

4 cs de coquillettes
2 cs de petits pois surgelés
10 g de beurre
1 cs de parmesan
1/2 cube de bouillon de volaille

Préparation

1- Faire chauffer une casserole d'eau avec le cube de bouillon. Y faire cuire les coquillettes et les petits pois pendant 10 minutes.

2- Egoutter ensuite le tout dans une passoire.

3- Préchauffer le four à 170°, en mode chaleur tournante.

4- Verser les petits pois et les pâtes dans un petit plat à gratin. Ajouter le beurre et mélanger.

5- Saupoudrer avec le parmesan et enfourner pour 20 minutes de cuisson.

6- Mettre les pâtes dans des pots individuels fermés et les conserver au réfrigérateur.

Truc en +

Privilégiez les légumes surgelés à ceux en conserve, car ils ne contiennent pas de sel. Les petits pois supportant très bien la congélation, ils sont aussi bons que des frais et sont très faciles à cuisiner.

Riz sauté façon thaï

Ingrédients (2 portions)

200 g de riz cuit
4 crevettes roses bouquet
1 poivron rouge
Huile de sésame

Temps de préparation : 10 mn

Temps de cuisson : 15 mn

Préparation

1- Rincer, peler et couper en petits dés le poivron rouge.

2- Faire cuire les dés de poivron dans une casserole d'eau pendant 5 minutes. Les égoutter dans une passoire.

3- Décortiquer et couper en petits morceaux les crevettes.

4- Faire chauffer une poêle à feu vif. Y faire revenir les dés de poivron et les morceaux de crevettes dans un filet d'huile de sésame pendant 2 minutes.

5- Ajouter le riz. Faire sauter le riz à la poêle pendant 5 minutes pour faire réchauffer tous les ingrédients.

6- Disposer le riz sauté dans des pots individuels fermés et les conserver au réfrigérateur.

Truc en +

Si vous en trouvez, n'hésitez pas à ajouter un peu de citronnelle ciselée dans la poêle, en même temps que les crevettes. Elle parfumera le plat et fera découvrir de nouvelles saveurs à votre bébé.

Crème de chou-fleur, dés de pommes de terre

Temps de préparation : 10 mn

Temps de cuisson : 20 mn

Ingrédients (2 portions)

1/2 chou-fleur

2 pommes de terre moyennes

2 cs de crème

Préparation

1- Rincer puis couper le chou-fleur en fleurettes.

2- Rincer, peler et couper les pommes de terre en cubes.

3- Déposer les légumes dans un cuit-vapeur et les faire cuire pendant 20 minutes.

4- Quand les légumes sont cuits, récupérer les fleurettes de chou-fleur. Les mixer avec la crème jusqu'à obtenir une purée onctueuse.

5- Répartir les crèmes de chou-fleur dans des pots individuels, ajouter dessus les cubes de pommes de terre.

Truc en +

Pour un repas du midi, ajoutez par portion 1/2 œuf dur coupé en morceaux et si votre bébé aime, n'hésitez pas à ajouter dessus un peu de gruyère râpé avant de passer le tout au four quelques minutes pour faire gratiner le fromage.

Courgettes à l'ail et blé moelleux à la tomate

Temps de préparation : 15 mn

Temps de cuisson : 25 mn

Ingrédients (2 portions)

1 courgette
4 cs de blé
10 cl de coulis de tomate
2 tiges de persil
1 gousse d'ail
Huile d'olive

Préparation

1- Faire cuire le blé pendant le temps indiqué sur le paquet dans une casserole d'eau bouillante (10 à 12 minutes en moyenne). Quand le blé est cuit, l'égoutter.

2- Pendant la cuisson du blé, rincer la courgette, puis la couper en petits dés. Peler et hacher l'ail.

3- Faire chauffer une poêle et y faire revenir les dés de courgette avec l'ail dans un filet d'huile d'olive. Poursuivre la cuisson pendant 10 minutes à feu doux, en mélangeant souvent.

4- Mélanger le blé cuit avec le coulis de tomates. Ajouter le persil ciselé et mélanger à nouveau.

5- Conserver le blé à la tomate et la poêlée de courgettes dans des pots individuels fermés au réfrigérateur.

Truc en +

Le temps de cuisson varie d'une marque de blé à l'autre, selon qu'il a été ou non précuit. N'hésitez pas à en faire cuire en plus grande quantité pour le congeler dans des pots individuels au congélateur, cela vous fera gagner du temps sur la préparation des repas.

Omelette aux pommes de terre

Temps de préparation : 15 mn

Temps de cuisson : 10 mn

Ingrédients (2 portions)

2 petits œufs
1 pomme de terre
1 échalote
Huile d'olive

Préparation

1- Rincer puis peler la pomme de terre et la râper à l'aide d'une grosse râpe.

2- Peler et émincer finement l'échalote.

3- Faire chauffer une petite poêle à feu moyen. Y faire revenir pendant 8 minutes les pommes de terre râpées, en les mélangeant, avec un filet d'huile. Elles doivent devenir fondantes.

4- Fouetter les œufs dans un bol, puis les ajouter dans la poêle sur les pommes de terre râpées. Faire cuire l'omelette pendant 2 minutes.

5- Mettre l'omelette dans des pots individuels fermés et les conserver au réfrigérateur.

Truc en +

Pour un repas équilibré, pensez à servir ce plat à votre bébé avec une petite portion de soupe de légumes, ou des légumes cuits.

Courgette farcie au jambon

Temps de préparation : 10 mn

Temps de cuisson : 30 mn

Ingrédients (2 portions)
200 g de riz cuit, 2 courgettes rondes, 1 tranche de jambon, 1 fromage frais pour enfant à la crème, 2 tiges de ciboulette

Préparation

1- Rincer les courgettes sous l'eau et leur couper le « chapeau ». A l'aide d'une cuillère à soupe, vider les courgettes en conservant un peu de chair autour pour les farcir.

2- Dans un saladier, mélanger le riz avec le jambon coupé en petits morceaux. Ajouter la ciboulette ciselée, mélanger.

3- Farcir les courgettes avec le mélange au riz, puis ajouter sur chaque courgette la moitié d'un fromage frais. Remettre le « chapeau » sur les courgettes et les déposer dans un plat à gratin.

4- Ajouter 20 cl d'eau au fond du plat à gratin, puis enfourner le plat pour 30 minutes de cuisson à 180°.

5- Placer les courgettes farcies dans des pots individuels fermés et les conserver au réfrigérateur.

Truc en +

Conserver la chair des courgettes pour en faire une soupe ou une purée. Vous pouvez également faire des tomates farcies, sur le même principe que cette recette, en remplaçant le riz par un reste d'un autre féculent cuit (blé, coquillettes, semoule) et le jambon par du saumon cuit ou un reste de poulet rôti.

Gratin de légumes

Temps de préparation : 10 mn

Temps de cuisson : 30 mn

Ingrédients (2 portions)
1 navet, 1 carotte,
1 pomme de terre,
2 cs de crème épaisse,
1 cs de gruyère râpé,
noix de muscade

Préparation

1- Rincer les légumes, puis les peler.

2- Couper les légumes en rondelles de la même épaisseur puis les déposer dans le panier de votre cuit-vapeur.

3- Faire cuire les légumes à la vapeur pendant 20 minutes. Quand ils sont cuits, les répartir dans deux cocottes individuelles qui passent au four.

4- Préchauffer le four à 180°, en mode chaleur tournante.

5- Dans un bol, mélanger la crème et le gruyère, puis ajouter un peu de muscade râpée.

6- Répartir la crème au gruyère sur les légumes. Enfourner pour 10 minutes de cuisson.

7- Servir ou conserver au réfrigérateur, en recouvrant d'un film alimentaire.

Truc en +

Si votre bébé aime les fromages, n'hésitez pas à remplacer le gruyère par d'autres fromages au goût plus marqué, comme du comté, du fromage de brebis basque ou un petit morceau de fromage de chèvre frais.

Soupe de pâtes aux carottes

Temps de préparation : 10 mn

Temps de cuisson : 25 mn

Ingrédients (2 portions)
4 carottes
1 cs de pâtes à potage
1 tige de céleri
1/2 cube de bouillon de poule
10 g de beurre

Préparation

1- Rincer, peler et couper les carottes en rondelles.

2- Rincer le céleri, le couper en tronçons et conserver les feuilles.

3- Déposer les morceaux de céleri (dont les feuilles) et les carottes dans une petite casserole. Couvrir d'eau, ajouter le cube et faire cuire le tout pendant 20 minutes à feu moyen.

4- Quand les légumes sont cuits, mixer le tout pour obtenir une soupe veloutée. Si la soupe est trop épaisse, rajouter un peu d'eau.

5- Verser à nouveau la soupe dans la casserole, ajouter les pâtes et poursuivre la cuisson pendant 5 minutes. Ajouter le beurre et mélanger en fin de cuisson.

6- Répartir la soupe dans des pots individuels fermés et les conserver au réfrigérateur.

Truc en +

Cette soupe est réalisable avec les légumes de votre choix. Evitez cependant d'y mettre des pommes de terre, car vous allez ensuite y ajouter des pâtes et elle risque alors de devenir trop épaisse.

Pâtes au saumon à l'aneth

Temps de préparation : 5 mn

Temps de cuisson : 10 mn

Ingrédients (2 portions)

5 cs de coquillettes

50 g de pavé de saumon frais

2 cs de crème liquide

2 brins d'aneth

Préparation

1- Faire cuire les coquillettes pendant 10 minutes dans une casserole d'eau bouillante.

2- Pendant ce temps, couper le saumon en dés. Les ajouter dans la casserole d'eau 1 minute avant la fin de cuisson des pâtes.

3- Quand les pâtes sont cuites, les égoutter dans une passoire.

4- Mélanger la crème dans la casserole chaude avec l'aneth ciselé. Faire épaissir le tout pendant 2 minutes à feu moyen, puis ajouter les coquillettes et les dés de saumon. Mélanger à nouveau.

5- Répartir la préparation dans des pots individuels fermés et les conserver au réfrigérateur.

Truc en +

Votre bébé est encore un peu petit pour que vous puissiez utiliser du saumon fumé dans cette recette, car le saumon fumé est un produit cru et très salé. Pour changer du saumon, vous pouvez aussi choisir du filet de truite ou de cabillaud.

Riz, poireau et crevettes

Temps de préparation : 10 mn

Temps de cuisson : 15 mn

Ingrédients (2 portions)
200 g de riz cuit, 1 poireau, 4 crevettes roses bouquet, 2 cs de crème liquide, 1 pincée de curry, 1 filet d'huile d'olive

Préparation

1- Nettoyer le poireau. Le couper en deux dans la longueur, puis l'émincer très finement au couteau.

2- Rincer les crevettes sous l'eau, les décortiquer et les couper en petits morceaux.

3- Faire chauffer une sauteuse avec un filet d'huile. Y faire revenir les poireaux pendant 3 minutes, puis ajouter 20 cl d'eau. Baisser le feu et laisser cuire pendant 10 minutes en mélangeant régulièrement.

4- Quand les poireaux sont cuits, ajouter la crème et le curry dans la sauteuse puis mélanger. Ajouter ensuite le riz et les crevettes. Poursuivre la cuisson pendant 2 minutes pour réchauffer le riz.

5- Répartir la préparation dans des pots individuels fermés et les conserver au réfrigérateur.

Truc en +

Les crevettes sont très fragiles et ne se conservent pas longtemps. Quand vous les achetez chez le poissonnier, vous devez les consommer très rapidement après achat. Sinon, remplacez les crevettes fraîches par de toutes petites crevettes en sachet déjà décortiquées, que vous trouverez au rayon « traiteur de la mer » en grande surface.

Purée de carottes, petits pois et dinde émincée

Temps de préparation : 15 mn

Temps de cuisson : 20 mn

Ingrédients (3 portions)
3 carottes, 400 g de petits pois surgelés, 1 échalote, 1 escalope de dinde, 20 g de beurre, 1 cc d'huile d'olive

Préparation

1- Peler les carottes, les couper dans la longueur en quatre morceaux. Couper chaque bâtonnet en petits dés.

2- Faire cuire, sans les mélanger, les petits pois et les carottes pendant 15 minutes à la vapeur.

3- Pendant ce temps, peler et hacher l'échalote et couper la dinde en petits morceaux de la taille d'une bouchée.

4- Faire revenir dans une poêle l'échalote avec les morceaux de dinde pendant 5 minutes en mélangeant régulièrement jusqu'à ce que ce soit cuit.

5- Quand les légumes sont cuits, mixer les petits pois avec le beurre et plus ou moins de jus de cuisson pour détendre la purée.

6- Servir la purée de petits pois avec les morceaux de dinde et de carottes.

Truc en +

Si votre bébé adore les petits pois entiers, vous n'avez pas besoin de les mixer.

Frites de patate douce et de panais

Temps de préparation : 10 mn

Temps de cuisson : 40 mn

Ingrédients (2 portions)

1 patate douce
1 panais
1 cs d'huile d'olive
1 cc de cumin
1 pincée de sel

Préparation

1- Préchauffer le four à 200°.

2- Nettoyer et peler les légumes. Les couper en bâtonnets de taille régulière, comme pour préparer des frites.

3- Déposer les frites de légumes dans un saladier. Ajouter l'huile d'olive, le cumin et mélanger avec les mains pour bien enrober les frites de cumin et d'huile d'olive.

4- Protéger la plaque du four avec une feuille de papier sulfurisé. Déposer les frites dessus, en les éparpillant bien pour qu'elles ne soient pas les unes sur les autres.

5- Enfourner à mi-hauteur, pour 40 minutes de cuisson à 200°. Les frites doivent être dorées à l'extérieur et moelleuses à cœur. Saupoudrer légèrement de sel.

Truc en +

Les frites de légumes au four, c'est idéal pour faire manger des légumes aux enfants. Vous pouvez garder cette même recette et l'adapter avec des pommes de terre, de la courge butternut ou même des carottes. Remplacez le cumin par du curry ou des herbes de Provence pour varier.

Mini croque-monsieur

Temps de préparation : 2 mn

Temps de cuisson : 5 mn

Ingrédients (1 portion)

2 tranches de pain de mie
1/2 tranche de jambon blanc
1 cs de coulis de tomate
1 cs de gruyère râpé

Préparation

1- Préchauffer le four à 200°.

2- Tartiner une tranche de pain de mie avec le coulis de tomates, puis saupoudrer avec le gruyère.

3- Ajouter le jambon et refermer avec la deuxième tranche de pain de mie.

4- Enfourner pour 5 minutes de cuisson, sur la plaque du four.

5- Quand le croque-monsieur est cuit, le couper en 4 morceaux et poser les mini croque-monsieur sur une assiette. Les accompagner de quelques tomates cerise pour un repas équilibré.

Truc en +

Les enfants adorent manger avec les doigts et mieux vaut leur donner des croque-monsieur faits maison que les habituer à manger des hamburgers dès leur plus jeune âge. Si vous le souhaitez, vous pouvez remplacer le jambon de porc par du jambon de dinde ou de poulet.

Blinis à la courgette

Temps de préparation : 10 mn

Temps de cuisson : 6 mn

Ingrédients (2 portions)

1 petite courgette
1 gousse d'ail
50 g de farine
1 œuf
2 cs de lait

Préparation

1- Peler et hacher l'ail.

2- Laver la courgette et la râper finement.

3- Dans un saladier, mélanger l'œuf et le lait, puis ajouter la farine pour former une pâte à blinis.

4- Ajouter la courgette râpée et l'ail dans le saladier, mélanger.

5- Faire chauffer une poêle avec un peu d'huile. Verser des petits tas de pâte avec une cuillère à soupe pour former des blinis. Les laisser cuire 3 minutes à feu doux, puis les retourner et poursuivre la cuisson pendant 3 minutes.

Truc en +

Accompagnez ces blinis d'une portion de légumes et d'un peu de sauce tomate pour les tremper dedans. Votre enfant appréciera de manger avec les doigts. Vous pouvez aussi les parfumer avec un peu de curry ou quelques herbes ciselées. S'il reste des blinis, ils se réchauffent en quelques secondes au four à micro-ondes.

Galettes de céréales aux carottes

Temps de préparation : 10 mn

Temps de cuisson : 6 mn

Ingrédients (2 portions)

1 verre de mélange de céréales
1 carotte
1 œuf
2 cs de lait
1 pincée de paprika

Préparation

1- Faire cuire les céréales dans une casserole d'eau bouillante pendant le temps indiqué sur le paquet. Les égoutter.

2- Laver la carotte, la peler et la râper finement.

3- Dans un saladier, mélanger l'œuf et le lait, puis ajouter la carotte râpée, les céréales et le paprika, mélanger.

4- Faire chauffer une poêle avec un peu d'huile. Verser des petits tas de pâte avec une cuillère à soupe pour former des galettes. Les laisser cuire 3 minutes à feu doux, puis les retourner et poursuivre la cuisson pendant 3 minutes.

Truc en +

Vous trouverez les mélanges de céréales au rayon des pâtes en grande surface. Les mélanges sont par exemple composés de blé, sarrasin, et flocons de soja. Vous pouvez sinon les remplacer par un reste de pâtes cuites (coquillettes) ou du riz et remplacer la carotte par une tranche de jambon blanc hachée.

SOS repas : julienne de légumes aux vermicelles

Temps de préparation : 2 mn

Temps de cuisson : 10 mn

Ingrédients (1 portion)
200 g de julienne
de légumes surgelée
1/2 cube de bouillon de volaille
40 cl d'eau
1 cs de vermicelles

Préparation

1- Faire chauffer l'eau dans une petite casserole. Quand elle bout, ajouter le cube de bouillon de volaille ainsi que la julienne de légumes.

2- Maintenir l'ébullition pendant 5 minutes, en mélangeant régulièrement, puis ajouter les vermicelles.

3- Laisser cuire à nouveau 5 minutes puis servir.

Truc en +

La julienne de légumes vous permet de cuisiner rapidement une recette avec des légumes en morceaux adaptés aux enfants. Vous pouvez parfumer la soupe en fin de cuisson avec un peu de basilic surgelé (une cuillère à café) et un filet d'huile d'olive pour lui donner des saveurs italiennes et ce sera un repas du soir parfait !

SOS repas : purée gratinée de céleri

Temps de préparation : 5 mn

Temps de cuisson : 15 mn

Ingrédients (1 portion)

250 g de purée de céleri surgelée
1 cs de chapelure
1 cs de gruyère râpé
10 g de beurre

Préparation

1- Préchauffer le four à 200°.

2- Faire décongeler la purée dans un récipient adapté au four à micro-ondes pendant le temps indiqué sur le paquet.

3- Quand elle est chaude, la verser dans un petit plat à gratin. Saupoudrer de gruyère râpé, puis de chapelure.

4- Répartir sur le dessus de la purée le beurre coupé en petits morceaux.

5- Enfourner pour 10 minutes de cuisson, jusqu'à ce que le gratin prenne une jolie couleur dorée. Servir après l'avoir fait refroidir un peu pour éviter que votre enfant ne se brûle.

Truc en +

Vous trouverez une multitude de purées au rayon surgelé des grandes surfaces ou des magasins spécialisés. Optez pour les purées 100 % légumes, sans sel ni additifs, elles sont très saines et adaptées aux enfants dès l'âge de 6 mois. Vous pouvez opter pour d'autres goûts pour réaliser ce gratin, comme pommes de terre/carottes ou bien haricots verts.

Quinoa aux champignons

Temps de préparation : 5 mn

Temps de cuisson : 20 mn

Ingrédients (2 portions)
1 verre de quinoa,
8 champignons de Paris,
1 gousse d'ail, 1/2 cube de bouillon de volaille,
1 cs d'huile d'olive

Préparation

1- Verser le quinoa dans une passoire et le rincer à l'eau froide.

2- Le faire cuire dans une casserole d'eau avec le cube de bouillon pendant 20 minutes. L'égoutter en fin de cuisson.

3- Pendant la cuisson du quinoa, nettoyer les champignons sous l'eau. Les sécher, couper le bout terreux des pieds et les émincer. Peler et hacher la gousse d'ail.

4- Dans une sauteuse, faire chauffer la cuillère d'huile. Y faire revenir pendant 5 minutes les morceaux de champignons et l'ail. Quand ils sont cuits, ajouter le quinoa égoutté et mélanger le tout. Arrêter la cuisson et servir.

Truc en +

Le quinoa est une petite graine très appréciée des enfants, elle est originaire d'Amérique du Sud et est surnommée le « riz des Incas ». Cuite à l'eau, comme les pâtes ou le riz, elle s'accompagne aussi bien d'une sauce tomate que de légumes cuits et fait également merveille dans les salades.

Brochette de poulet et tomates cerise

Temps de préparation : 10 mn

Temps de cuisson : 10 mn

Ingrédients (2 portions)

1 petit blanc de poulet
12 tomates cerise
6 feuilles de basilic
1 cs d'huile d'olive

Préparation

1- Couper en dés de la taille d'une bouchée le blanc de poulet.

2- Ciseler le basilic finement, à l'aide de ciseaux.

3- Dans une assiette à soupe, mélanger les dés de poulet, les tomates cerise, le basilic et l'huile d'olive. Laisser mariner à couvert, au réfrigérateur pendant 10 minutes.

4- Alterner les dés de poulet et les tomates cerise sur des pics à brochettes. Les faire cuire au barbecue, ou sous le grill du four pendant 10 minutes en les retournant lors de la cuisson.

5- Servir les brochettes avec un coulis de tomates et une portion de riz.

Truc en +

Cette recette est parfaite pour toute la famille. Vous pouvez aussi alterner les dés de poulet avec des dés de courgettes sur les brochettes pour encore plus de saveurs. Et s'il reste une brochette, cette recette est aussi parfaite à déguster froide lors d'un pique-nique.

Fruits rouges à la menthe

Temps de préparation : 5 mn

Temps de cuisson : 0 mn

Ingrédients (2 portions)
100 g de fraises
100 g de framboises
100 g de myrtilles
4 feuilles de menthe
1 cs de sucre

Préparation

1- Déposer les fruits dans une passoire, les rincer sous l'eau froide. Les laisser s'égoutter pendant 5 minutes.

2- Enlever le pédoncule des fraises, les couper en morceaux et les mélanger avec les framboises et les myrtilles dans un saladier.

3- Ciseler les feuilles de menthe, les ajouter dans le saladier avec le sucre et mélanger. Réserver au réfrigérateur jusqu'au moment de servir les fruits.

Truc en +

Vous pouvez trouver en grande surface des fruits rouges aux origines variées et bien souvent hors saison, qui pour certains n'ont aucun goût. Conservez donc cette recette pour les desserts d'été, quand les fruits sont sucrés et gorgés de soleil. Hors saison, pensez aux mélanges de fruits rouges surgelés qui sont très bons.

Pêches aux biscuits

Temps de préparation : 10 mn

Temps de cuisson : 15 mn

Ingrédients (2 portions)

2 pêches jaunes
3 boudoirs
2 cc de miel

Préparation

1- Préchauffer le four à 180°.

2- Nettoyer les pêches, les sécher et les couper en deux.

3- Enlever délicatement le noyau des pêches, puis poser les oreillons dans un plat à gratin, face bombée contre le plat.

4- A l'aide d'un couteau, couper les boudoirs en tout petits dés. Les déposer sur les pêches, à la place du noyau.

5- Ajouter sur les pêches le miel en filet et enfourner pour 15 minutes de cuisson. Laisser refroidir avant de servir tiède ou à température ambiante.

Truc en +

Hors saison, vous pouvez réaliser cette recette avec des pêches en conserve. Optez pour des fruits au naturel, ou au sirop léger, car ils seront moins sucrés. Vous pouvez aussi remplacer les boudoirs par des rochers coco pour donner une autre saveur à ces fruits au four.

Gâteau de riz à l'abricot

Temps de préparation : 20 mn

Temps de cuisson : 50 mn

Ingrédients (4 portions)

80 g de riz rond, 50 cl de lait, 20 g de sucre en poudre, 20 cl de crème, 1 œuf, 4 abricots secs, 4 cc de caramel

Préparation

1- Couper les abricots en petits dés.

2- Verser le lait dans une casserole, ajouter le sucre et faire chauffer à feu moyen.

3- Quand le lait est chaud, ajouter le riz et les dés d'abricots, mélanger et laisser cuire à feu doux pendant 35 minutes en remuant souvent.

4- Ajouter la crème dans le riz au lait, mélanger, puis ajouter l'œuf et mélanger à nouveau.

5- Préchauffer le four à 160°, en mode chaleur tournante.

6- Verser le caramel au fond de 4 ramequins. Répartir le riz au lait dessus.

7- Déposer les ramequins dans un plat à four, ajouter de l'eau pour former un bain-marie et enfourner pour 15 minutes de cuisson. Quand les gâteaux de riz sont cuits, les laisser refroidir avant de les conserver au réfrigérateur.

Truc en +

Réalisés avec du lait entier, ces desserts seront très onctueux. Vous pouvez aussi varier les parfums en remplaçant les abricots par des cranberries ou des raisins secs.

Fromage blanc aux herbes

Temps de préparation : 5 mn

Temps de cuisson : 0 mn

Ingrédients (1 portion)
100 g de fromage blanc en faisselle, 5 tiges de ciboulette, 1 gousse d'ail, 1 pincée de sel, 1 pincée de poivre

Préparation

1- Peler la gousse d'ail, la couper en lamelles puis couper les lamelles en tout petits dés. En conserver la moitié, garder le reste pour parfumer une purée.

2- Ciseler en petits morceaux les tiges de ciboulette.

3- Dans un ramequin, mélanger le fromage blanc, la ciboulette et l'ail. Saler et poivrer légèrement.

4- Servir avec une tranche de pain.

Truc en +

Ce fromage frais maison est plus adapté aux bébés que les préparations industrielles, souvent trop riches en sel. Préparez-le en plus grande quantité, il se conserve 4 jours au réfrigérateur, dans une boîte hermétique.

Dés de poire au miel

Ingrédients (1 portion)
1 poire
1 cc de jus de citron
1 cc de miel
5 g de beurre

Temps de préparation : 10 mn

Temps de cuisson : 3 mn

Préparation

1- Peler la poire, enlever le cœur et la couper en dés.

2- L'arroser de jus de citron pour qu'elle ne s'oxyde pas.

3- Dans une petite poêle, faire chauffer le miel et le beurre à feu vif. Quand le beurre est fondu, ajouter les dés de poire et les cuire à feu vif pendant 3 minutes pour les faire légèrement colorer.

4- Servir les dés de poire tièdes.

Truc en +

Vous pouvez utiliser d'autres fruits qui se tiennent à la cuisson pour ces dés de fruits au miel. Cette recette fonctionne également avec des pommes, des coings, des kiwis ou des dés d'ananas.

Brochette d'ananas

Temps de préparation : 15 mn

Temps de cuisson : 0 mn

Ingrédients (4 portions)
1 petit ananas Victoria
1 kiwi
1 cs de noix de coco râpée

Préparation

1- Enlever l'écorce de l'ananas et le cœur et le couper en rondelles.

2- Couper les rondelles en quartiers.

3- Peler le kiwi et le couper en morceaux.

4- Alterner les morceaux d'ananas et de kiwi sur 8 pics à brochettes en bois.

5- Saupoudrer de noix de coco et servir.

Truc en +

Cette recette est parfaite pour être partagée en famille avec votre bébé ! L'ananas Victoria est une variété plus petite d'ananas, il est très parfumé et très sucré. On le trouve au moment des fêtes de fin d'année au rayon des fruits dans les grandes surfaces.

Smoothie mangue et lait de coco

Temps de préparation : 5 mn

Temps de cuisson : 0 mn

Ingrédients (2 portions)

1 mangue

1 yaourt à la vanille

2 cs de lait de coco

Préparation

1- Peler et couper la mangue en morceaux.

2- La mixer avec le yaourt et le lait de coco.

3- Servir bien frais dans un verre avec une paille.

Truc en +

Vous pouvez utiliser des mangues surgelées pour cette recette, elles sont très parfumées et moins chères à l'achat. Sinon, remplacez-les par une banane pour un smoothie encore plus onctueux. Le lait de coco se trouve au rayon des produits du monde en grande surface. Vous pouvez vous servir du reste de la bouteille pour la recette de l'écrasée de pommes de terre, lotte au lait de coco (page 185).

Yaourt à boire à la vanille

Temps de préparation : 5 mn

Temps de cuisson : 0 mn

Ingrédients (1 portion)

1 yaourt nature
10 cl de lait
1/2 cc de sucre en poudre
1 pincée de vanille en poudre

Préparation

1- Dans un bol, mélanger à l'aide d'un fouet le lait et le yaourt.

2- Ajouter le sucre en poudre, la vanille et mélanger à nouveau.

3- Verser le tout dans un verre, ajouter une paille et servir.

Truc en +

Le yaourt à boire, c'est très pratique si votre enfant refuse les yaourts. Avec la paille, cela devient plus ludique et plus facile de lui faire manger des laitages. Utilisez de la vanille en poudre en non en extrait, car ce dernier contient de l'alcool. Sinon, utilisez du sucre vanillé.

Semoule au lait au caramel

Temps de préparation : 10 mn

Temps de cuisson : 8 mn

Ingrédients (4 portions)
1/2 litre de lait, 50 g de semoule fine, 1 œuf entier, 1 jaune d'œuf, 1 cs de crème épaisse, 30 g de sucre en poudre, 4 cc de caramel liquide

Préparation

1- Dans un saladier, fouetter l'œuf entier avec le jaune et le sucre. Ajouter le lait, la crème, mélanger à nouveau et verser le tout dans une casserole.

2- Faire chauffer à feu moyen, puis ajouter la semoule fine. Mélanger avec une cuillère et faire cuire 8 minutes à feu doux sans cesser de remuer, jusqu'à ce que la préparation épaississe.

3- Verser le caramel au fond de 4 ramequins individuels.

4- Verser la préparation cuite sur le caramel et réfrigérer au moins 2 heures avant de servir.

Truc en +

En général, les bébés adorent ce type de desserts lactés. La semoule au lait comme le riz au lait sont parfaits pour leur donner de l'énergie au goûter, grâce aux sucres lents qu'ils contiennent. Vous pouvez conserver ces desserts pendant 4 jours au réfrigérateur, ils seront aussi appréciés par toute la famille !

Muesli poire-chocolat

Temps de préparation : 5 mn

Temps de cuisson : 20 mn

Ingrédients (1 portion)
2 cs de flocons d'avoine, 1 cc de miel, 3 cs de jus de poire, 1 carré de chocolat noir, 1/2 poire, 100 g de fromage blanc

Préparation

1- Préchauffer le four à 180°.

2- Dans un bol, mélanger les flocons d'avoine, le miel et le jus de poire.

3- Répartir le mélange dans un moule à tarte et enfourner pour 20 minutes de cuisson, en mélangeant en cours de cuisson.

4- Laisser refroidir puis ajouter le chocolat râpé et la poire pelée et coupée en petits dés.

5- Servir le muesli avec le fromage blanc.

Truc en +

Vous pouvez préparer le muesli croustillant à l'avance, mais ajoutez les morceaux de poire et le fromage blanc au dernier moment. Vous trouverez les flocons d'avoine en épicerie bio, ou au rayon des céréales en grande surface.

Muesli aux fraises

Temps de préparation : 5 mn

Temps de cuisson : 20 mn

Ingrédients (1 portion)
2 cs de flocons d'avoine
1 cc de miel
3 cs de jus d'orange
4 fraises
100 g de fromage blanc

Préparation

1- Préchauffer le four à 180°.

2- Dans un bol, mélanger les flocons d'avoine, le miel et le jus d'orange.

3- Répartir le mélange dans un moule à tarte et enfourner pour 20 minutes de cuisson, en mélangeant en cours de cuisson.

4- Laisser refroidir, puis servir le muesli croustillant avec le fromage blanc et les fraises coupées en morceaux.

Truc en +

Ce muesli croustillant est parfait avec du fromage blanc et un verre de jus de fruits pour un petit-déjeuner équilibré. Vous pouvez augmenter les proportions de la recette et conserver le muesli croustillant dans une boîte hermétique pendant 4 jours. Vous pouvez aussi en saupoudrer les yaourts ou compotes de votre bébé pour son goûter.

Mini charlotte aux petits-suisses

Temps de préparation : 15 mn

Temps de cuisson : 2 mn

Ingrédients (2 portions)
6 boudoirs, 4 petits-suisses à la fraise, 1 fraise, 1 feuille de gélatine, 3 cs de lait, 3 cs de jus d'orange

Préparation

1- Faire tremper la gélatine dans un bol d'eau froide, l'égoutter.

2- Réchauffer le lait dans un bol et ajouter la gélatine. Mélanger pour la faire fondre, puis ajouter les petits-suisses et mélanger à nouveau.

3- Couper les boudoirs en deux, les tremper dans le jus d'orange et en tapisser les parois de deux verres.

4- Garnir le centre des verres avec le mélange aux petits-suisses et réfrigérer au moins 3 heures.

5- Démouler les charlottes sur des assiettes au moment de les servir, ajouter la fraise coupée en petits cubes dessus.

Truc en +

Vous pouvez aussi réaliser des charlottes à la pêche avec des petits-suisses à la pêche et des dés de pêche dessus, ou bien à l'abricot. Si vous optez pour une version banane, pensez à citronner les morceaux de banane que vous ajoutez dessus pour qu'ils ne noircissent pas.

Sucettes glacées au petit-suisse

Temps de préparation : 5 mn

Temps de cuisson : 0 mn

Ingrédients (4 sucettes)
4 petits-suisses nature
2 cs de coulis de fruit

Préparation

1- Démouler les petits-suisses au-dessus d'un saladier, enlever le papier qui les entoure.

2- Ajouter le coulis dans le saladier et mélanger avec une cuillère.

3- Laver les pots des petits-suisses et les remplir avec le mélange précédent.

4- Planter des cuillères, tête vers le bas, dans les pots pour former le bâtonnet.

5- Congeler les petits-suisses pendant au moins 5 heures. Quand ils sont glacés, les démouler et les déguster.

Truc en +

Utilisez des coulis de fruits différents pour vos sucettes glacées. Si vous les préparez à l'avance, pensez à les recouvrir de film plastique pour les protéger dans le congélateur.

Madeleines à la vanille

Temps de préparation : 15 mn

Temps de cuisson : 8 mn

Ingrédients (8 madeleines environ)
60 g de beurre, 60 g de farine de blé, 50 g de sucre en poudre, 1 pincée de levure en poudre, 1 œuf, 1 sachet de sucre vanillé

Préparation

1- Préchauffer le four à 240°.

2- Faire fondre le beurre dans un bol pendant 1 minute au four à micro-ondes.

3- Dans un saladier, mélanger la farine, les sucres et la levure. Ajouter l'œuf puis le beurre fondu. Bien mélanger la pâte au fouet à pâtisserie pour qu'elle soit bien lisse.

4- Lorsque le four a atteint la température, verser une cuillère à soupe de pâte dans chaque empreinte à madeleine d'une plaque en silicone.

5- Enfourner la plaque de madeleines à mi-hauteur pour 4 minutes de cuisson. Sans ouvrir le four, baisser la température à 200° et poursuivre la cuisson pendant 4 minutes supplémentaires.

6- Démouler les madeleines, les laisser refroidir sur une grille avant de les déguster.

Truc en +

Avant d'enfourner, laissez reposer la pâte au réfrigérateur pendant 30 minutes : c'est le choc thermique entre la pâte froide et le four bien chaud qui donne la bosse caractéristique des madeleines.

Papillote de pomme aux framboises

Temps de préparation : 10 mn

Temps de cuisson : 15 mn

Ingrédients (1 portion)
1 pomme
10 framboises
1/2 gousse de vanille
1 cc de miel
1 cs de jus d'orange

Préparation

1- Préchauffer le four à 160°, puis peler la pomme, la vider et la couper en petits morceaux.

2- Fendre la gousse de vanille et récupérer les graines avec la pointe d'un couteau.

3- Dans un bol, mélanger les graines de vanille, le miel et le jus d'orange.

4- Déposer les morceaux de pomme et les framboises sur une feuille de papier sulfurisé puis ajouter le mélange au miel et à la vanille dessus.

5- Fermer la papillote et la faire cuire au four, à 160°, pendant 15 minutes. Laisser tiédir avant de la servir.

Truc en +

Il existe des papillotes en silicone qui sont très pratiques pour ce type de recette. Pensez-y si vous souhaitez en faire souvent ! Hors saison, pensez aux framboises surgelées. Elles sont délicieuses et apportent une touche de couleur dans les compotes et les desserts de bébé.

Sans
gluten

De nos jours, on entend de plus en plus parler de l'intolérance au gluten.

Le gluten, qu'est-ce que c'est ?

Pour faire simple, le gluten est l'une des protéines contenues dans la plupart des céréales. C'est elle qui donne de l'élasticité aux pâtes à pain qui gonflent ensuite lors de la cuisson. On en trouve, par exemple, dans la farine de blé, qui entre dans la composition du pain, des pâtes, des gâteaux et de nombreux autres produits dérivés.

L'intolérance au gluten, qu'est-ce que c'est ?

Les personnes qui sont intolérantes au gluten ne peuvent pas assimiler cette protéine qui provoque des lésions de l'intestin, même si elle est consommée en petite quantité ou de manière occasionnelle.

Céréales contenant le plus de gluten

Le blé, l'épeautre, le kamut, le seigle, l'orge, le maïs, l'avoine.

Céréales sans gluten

Le quinoa, l'amarante, le sarrasin, le riz.

Crème de riz aux cerises (dès 6 mois)

Ingrédients (3 pots de 130 g)

500 g de cerises
2 cs de crème de riz

Temps de préparation : 15 mn

Temps de cuisson : 15 mn

Préparation

1- Rincer les cerises sous l'eau, les couper en deux et les dénoyauter.

2- Verser les cerises dans une casserole avec deux cuillères à soupe d'eau et faire compoter à feu moyen en mélangeant régulièrement pendant 10 minutes.

3- Saupoudrer avec la crème de riz, mélanger et laisser cuire à nouveau 5 minutes en remuant régulièrement.

4- Mixer pour obtenir une compote bien lisse.

Truc en +

La crème de riz précuite se trouve sous forme de farine en épicerie bio. Elle est faite à base de riz, une céréale qui ne contient pas de gluten et permet d'épaissir les compotes à base de fruits juteux.

Compote pêches-vanille (dès 6 mois)

Temps de préparation : 10 mn

Temps de cuisson : 10 mn

Ingrédients (3 pots de 130 g)

4 pêches jaunes
2 cs de céréales instantanées sans gluten à la vanille

Préparation

1- Rincer les pêches sous l'eau et les éplucher.

2- Enlever le noyau et les couper en quartiers.

3- Verser les quartiers dans une casserole et faire compoter à feu moyen en mélangeant régulièrement pendant 10 minutes.

4- Saupoudrer avec les céréales, mélanger et mixer pour obtenir une compote bien lisse.

Truc en +

Les céréales instantanées sans gluten sont composées de farine de riz et/ou de quinoa. Elles se trouvent au rayon des produits pour bébé en grande surface et en épicerie bio, avec différents parfums. Elles sont parfaites pour épaissir les biberons de lait, ainsi que pour donner un peu de consistance aux compotes de fruits quand elles sont trop liquides.

Purée de carottes et quinoa (dès 9 mois)

Ingrédients (2 portions)
4 carottes
1 cs de quinoa blond
10 g de beurre

Temps de préparation : 10 mn

Temps de cuisson : 35 mn

Préparation

1- Rincer les carottes sous l'eau.

2- Peler et couper en rondelles les carottes, puis les déposer dans le panier du cuit-vapeur. Les faire cuire pendant 20 minutes à la vapeur.

3- Remplir une casserole d'eau et la porter à ébullition. Verser le quinoa dedans. Baisser le feu pour le faire cuire à feu moyen pendant 15 minutes (adapter le temps avec les indications sur le paquet).

4- Mixer le quinoa et les carottes jusqu'à obtenir une purée moelleuse. Ajouter si besoin plus ou moins 10 cl d'eau pour détendre la purée.

5- Ajouter le beurre puis répartir la purée dans des pots individuels fermés et les conserver au réfrigérateur ou au congélateur.

Truc en +

Le quinoa est une plante issue d'Amérique du Sud que les Incas consomment depuis de nombreuses années. Très riche en protéines, elle ne contient pas de gluten. Vous trouverez le quinoa dans le rayon des produits équitables en supermarché, ou bien en épicerie bio.

Polenta à l'aubergine et au thym (dès 9 mois)

Temps de préparation : 15 mn

Temps de cuisson : 30 mn + 10 mn

Ingrédients (2 portions)

20 cl de lait
2 petites aubergines
2 cs de polenta
1 branche de thym
1 filet d'huile d'olive

Préparation

1- Rincer puis emballer les aubergines avec le thym dans une grande feuille de papier sulfurisé et former une papillote.

2- Faire cuire la papillote pendant 30 minutes au four, en mode chaleur tournante, à 200°.

3- Quand les aubergines sont cuites, ouvrir la papillote et récupérer, à l'aide d'une cuillère à soupe, la chair des aubergines. La mixer finement dans un robot.

4- Pendant ce temps, faire chauffer le lait dans une casserole. Quand il est chaud, y verser la polenta en pluie et mélanger constamment pendant la cuisson. La polenta va gonfler et absorber le liquide.

5- Quand la polenta est cuite, la mélanger avec la purée d'aubergines, puis ajouter le filet d'huile d'olive.

6- Répartir la purée dans des pots individuels fermés et les conserver au réfrigérateur ou au congélateur.

Truc en +

La polenta est issue du maïs, qui ne contient pas de gluten. Vous pouvez l'associer avec plusieurs légumes, elle est très fine et très appréciée des bébés.

Crème kokkoh aux pruneaux (dès 9 mois)

Temps de préparation : 5 mn

Temps de cuisson : 10 mn

Ingrédients (4 portions)

60 g de crème kokkoh
25 cl de lait 2e âge
2 cc de sucre
4 pruneaux

Préparation

1- Faire gonfler les pruneaux dénoyautés dans un bol d'eau bouillante.

2- Dans un blender, mixer les pruneaux, le sucre et le lait. Ajouter la crème kokkoh et mixer à nouveau.

3- Verser le tout dans une casserole et faire cuire à feu moyen pendant 10 minutes en mélangeant constamment. La crème est prête quand elle a épaissi et qu'elle a la texture d'une crème dessert.

4- Verser dans des ramequins ou des pots individuels et réserver au réfrigérateur avant de servir.

Truc en +

La crème kokkoh est une farine très fine et précuite à la vapeur à base de riz rond complet, de quinoa et de haricots azukis. On la trouve en sachet au rayon des farines en épicerie bio. Cette préparation sans gluten sert à préparer des crèmes dessert, à épaissir les soupes de légumes ou à faire des sauces de type béchamel. Elle est très digeste et adaptée aux bébés.

Biscuits à la farine de châtaigne (dès 9 mois)

Temps de préparation : 15 mn

Temps de cuisson : 10 mn

Ingrédients (12 biscuits)

200 g de farine de châtaigne, 100 g de beurre, 100 g de sucre, 1 œuf, 1 cs de cacao en poudre, 1 cc de bicarbonate , sel

Préparation

1- Dans un saladier, fouetter l'œuf et le sucre jusqu'à ce que le mélange blanchisse.

2- Ajouter ensuite le beurre ramolli, la farine, le cacao, une pincée de sel puis le bicarbonate.

3- Mélanger le tout avec les mains pour obtenir une boule de pâte. La rouler sous forme d'un cylindre.

4- Emballer le cylindre dans du film étirable et le laisser durcir au réfrigérateur pendant au moins une heure.

5- Préchauffer le four à 180°, chaleur tournante.

6- Couper ensuite des rondelles de pâte à biscuits, les déposer sur la lèchefrite du four recouverte de papier sulfurisé.

7- Enfourner pour 10 minutes de cuisson à 180°. Quand les biscuits sont cuits, les laisser refroidir sur une grille.

Truc en +

Le bicarbonate se trouve au rayon du sel et des épices dans les supermarchés. Il remplace la levure et aide à faire lever les pâtes. Il ne contient pas de gluten.

Soupe de poireaux et carottes au tapioca (dès 12 mois)

Temps de préparation : 5 mn

Temps de cuisson : 20 mn

Ingrédients (2 portions)

2 cs de billes de tapioca
1 poireau
2 carottes
1 pomme de terre
10 g de beurre

Préparation

1- Nettoyer les légumes, peler les carottes et les pommes de terre.

2- Les couper en petits dés et émincer en fines rondelles les poireaux.

3- Déposer tous les légumes dans une casserole, ajouter le tapioca et couvrir d'eau.

4- Faire cuire à feu moyen, pendant 20 minutes, le temps que les légumes cuisent et que le tapioca devienne moelleux.

5- Mixer grossièrement le tout (selon que votre bébé accepte plus ou moins les morceaux), ajouter une noix de beurre et servir.

Truc en +

Vous trouverez le tapioca au rayon des pâtes en grande surface sous la dénomination « perles du Japon ». Issu du manioc, le tapioca est dépourvu de gluten. Il sert à épaissir les soupes, préparer des entremets pour les desserts (avec du lait) et donner de la consistance aux purées. Il a un goût très neutre.

Risotto aux petits pois
(dès 18 mois)

Temps de préparation : 5 mn

Temps de cuisson : 20 mn

Ingrédients (2 portions)
1/2 verre de riz à risotto, 1 cs d'huile olive, 4 cs de petits pois surgelés, 1 pincée de noix de muscade râpée, 2 pincées de gruyère râpé

Préparation

1- Faire chauffer l'huile dans une casserole. Ajouter le riz et mélanger jusqu'à ce qu'il devienne transparent.

2- Ajouter 15 cl d'eau ainsi que les petits pois et faire cuire à feu doux, pendant 20 minutes, en mélangeant régulièrement pendant la cuisson.

3- Le risotto est cuit quand le riz est moelleux et les petits pois cuits.

4- Ajouter en fin de cuisson une pincée de noix de muscade râpée, ainsi que le fromage râpé, mélanger et servir.

Truc en +

Utilisez un riz « spécial risotto » car il gonfle bien à la cuisson et, grâce à sa richesse en amidon, il donne une texture onctueuse à la préparation. Evitez d'utiliser les bouillons cubes pour cuisiner pour votre bébé, ils contiennent souvent du gluten. Pour donner du goût aux préparations, pensez à ajouter des herbes (ciboulette, persil, aneth) et des épices (muscade, cumin, coriandre).

Gratin d'endives au comté
(dès 18 mois)

Temps de préparation : 10 mn

Temps de cuisson : 35 mn

Ingrédients (1 portion)
2 endives
1 cs de crème épaisse
20 g de comté
Noix de muscade râpée

Préparation

1- Préchauffer le four à 180°.

2- Rincer les endives, couper le pied et enlever le cœur amer.

3- Faire cuire les endives pendant 20 minutes à la vapeur puis les émincer en petits morceaux.

4- Râper le comté et le mélanger avec la crème et un peu de noix de muscade râpée.

5- Déposer les morceaux d'endives dans un ramequin, ajouter la crème au comté.

6- Enfourner pour 15 minutes de cuisson à 180°.

Truc en +

Le mélange de crème fraîche et de fromage râpé remplace avantageusement la sauce béchamel qui est faite à partir de farine de blé et qui contient donc du gluten. Adaptez cette recette avec d'autres légumes cuits à la vapeur, comme des brocolis ou du chou-fleur en hiver, ou des courgettes en été.

Muesli aux flocons de quinoa
(dès 18 mois)

Temps de préparation : 2 mn

Temps de cuisson : 0 mn

Ingrédients (1 portion)

2 cs de flocons de quinoa
1 cc de sucre en poudre
1 cc de pépites de chocolat
1 pincée de cannelle
100 g de fromage blanc

Préparation

1- Dans un bol, mélanger les flocons de quinoa, le sucre en poudre, les pépites de chocolat et la cannelle.

2- Servir le muesli avec le fromage blanc.

Truc en +

Vous trouverez les flocons de quinoa en épicerie bio. Pour un muesli encore plus gourmand, vous pouvez les mélanger avec des flocons de châtaigne et de riz qui ne contiennent pas de gluten. N'hésitez pas à multiplier les proportions et à conserver le muesli dans une boîte hermétique, ce sera du temps de gagné pour la préparation des repas de votre bébé.

Index alphabétique

— O —

— P —

— T —

— V —

— Y —